Jens Lüdtke

Katalanisch

Eine einführende
Sprachbeschreibung

D1666463

Max Hueber Verlag

Jens Lüdtke, Dr. phil. habil., ist Wiss. Assistent am Romanischen
Seminar der Universität Tübingen.
Verlagsredaktion: Angelika Strocka
Umschlaggestaltung: Planungsbüro Winfried J. Jokisch,
Düsseldorf

CIP-Kurztitelaufnahme der Deutschen Bibliothek

Lüdtke, Jens:
Katalanisch: e. einf. Sprachbeschreibung / Jens Lüdtke. –
1. Aufl. – München [i.e. Ismaning]: Hueber, 1984.
ISBN 3-19-006924-7

1. Auflage 3 2 1
© 1984 Max Hueber Verlag · München
Gesamtherstellung: Manz AG, Dillingen · Printed in Germany

A la memòria d'Antoni Pous

Inhalt

Abkürzungen

adj.	adjektivisch
Adv.	Adverb
altkat.	altkatalanisch
engl.	englisch
f.	feminin
Fem.	Femininum
frz.	französisch
Fut.	Futur
Ger.	Gerundium
Imp.	Imperativ
Impf.	Imperfekt
it.	italienisch
Konj.	Konjunktiv
lat.	lateinisch
m.	maskulin
Mask.	Maskulinum
ostkat.	ostkatalanisch
Part.	Partizip
Perf.	Perfekt
Pl.	Plural
Präs.	(Indikativ) Präsens
Sg.	Singular
span.	spanisch
valenz.	valenzianisch
vlat.	vulgärlateinisch
westkat.	westkatalanisch

[. . .]	gibt die phonetische Umschrift an
/. . ./	gibt die phonologische Umschrift an
/	gibt die Opposition zwischen zwei sprachlichen Einheiten an
>	bedeutet „wird zu" (in sprachgeschichtlicher Hinsicht)
→	bedeutet „wird zu" (in der Wortbildung)

6

Vorwort

Ein Überblick über die Ergebnisse der katalanischen Sprachwissenschaft fehlte bislang, nicht nur im deutschen Sprachraum. Obwohl das Katalanische weniger als andere Sprachen untersucht wurde, ist es ein gewagtes Unterfangen, auf wenigen Seiten „alles" sagen zu wollen. Dies ist um so schwieriger, als die Problematik und die Beschreibung des Katalanischen je nach Region differenziert dargestellt werden muß. Hinzu kommt, daß die Sprache nicht gleichmäßig nach Regionen erforscht ist. Und ebenfalls sind nicht alle deskriptiven Bereiche des Katalanischen gleichmäßig untersucht worden. Noch viel zu tun gibt es etwa im Bereich des Verbs, der Syntax, des Wortschatzes, der eigentlichen Soziolinguistik, d. h. der sprachlichen Variation je nach soziokultureller Schicht der Sprecher. Nachdem jedoch die Spatenarbeit der grundlegenden Sprachbeschreibung geleistet ist, liegen die gegenwärtigen Hauptinteressen der katalanischen Linguisten in der Sprachsoziologie („Soziolinguistik"), im ideologischen Diskurs und wie ehedem in der Diskussion um Sprachnorm und Purismus. In einer eher informierenden knappen Synthese sollen allzu zeitbedingte Interessen kein Übergewicht erhalten. So müssen die Abschnitte zu aktuelleren Forschungsinteressen sehr gedrängt ausfallen. Was aber darin enthalten ist, scheint mir durch den Stand der Forschung gewährleistet zu sein. Gleichfalls im Sinne der Information habe ich mich mit prokatalani(sti)schen Sympathiekundgebungen wie mit Kritik am Katalanismus zurückgehalten.

Die Sprachbeschreibung soll auch der Erlernung des Katalanischen dienen. Gedacht ist an eine Verbindung mit dem Handbuch des Katalanischen (Barcelona 1981[2]) von Artur Quintana, dem einzigen Sprachlehrwerk des Katalanischen in deutscher Sprache. Romanisten werden vielleicht einen Vergleich mit dem Spanischen vermissen. Für die katalanisch-spanischen Konvergenzen und Divergenzen sei auf die von Katalanen verfaßten Grammatiken verwiesen, in denen das Katalanische stets auf dem Hintergrund des Spanischen beschrieben wird. Im Unterschied zu anderen katalanischen Grammatiken wird das Verb hier bei aller gebotenen Kürze inhaltlich relativ umfassend behandelt und eine systematische Darstellung der katalanischen Wortbildung vorgeschlagen. Auf weitere Unterschiede zu anderen Sprachbeschreibungen hinzuweisen, würde zu weit führen.

Da das Katalanische vom Gesichtspunkt des Katalanischen selbst her dargestellt werden soll, sind die je nach Staatssprache verschiedenen spanischen, französischen oder italienischen Namen einheitlich durch katalanische zu ersetzen, wenn es um das katalanische Sprachgebiet geht. Deshalb wird auch nicht von Provinzen, sondern vom Valenzianischen Land (País Valencià), von Katalonien (Principat de Catalunya), von den Inseln (les Illes) und nicht von den Balearischen Inseln und für alle katalanischsprachigen Gebiete von Katalanischen Ländern (Països Catalans) gesprochen. Das Gebiet katalanischer Sprache in Frankreich wird weiterhin Rosselló (frz. Roussillon) genannt und nicht Nordkatalonien, wie es einige minoritäre Gruppen des Rosselló und viele Katalanen in Spanien tun, obwohl der alte Name Rosselló strenggenommen nur auf einen Teil des katalanischen Gebiets in Frankreich zutrifft.

In der folgenden Liste werden die hier verwendeten Namen angeführt, die sich von den offiziellen spanischen, französischen oder italienischen unterscheiden:

Alacant	Alicante	Lleida	Lérida
L'Alguer	Alghero	Maó	Mahón
Carxe	Carche	Perpinyà	Perpignan
Casp	Caspe	Prada	Prades
Castelló	Castellón	Rosselló	Roussillon
de la Plana	de la Plana	La Seu d'Urgell	La Seo de Urgel
Cerdanya	Cerdagne, Cerdaña	València	Valencia
Ciutat de	Palma de	Vall d'Aran	Valle de Arán,
Mallorca	Mallorca		Val d'Aran
Eivissa	Ibiza	Vic	Vich
Elx	Elche	Xàtiva	Játiva
Empúries	Ampurias		
Girona	Gerona		

Die Anregung zu diesem Band gaben Herr Prof. Reinhold Kontzi und der Max Hueber Verlag. Herr Prof. Eugenio Coseriu war der erste kritische Leser, auf den zahlreiche Richtigstellungen zurückgehen. Herr Bernhard Lechner und Herr Prof. Ricard Torrents (Vic) haben vieles zur Präzisierung und Ergänzung beigetragen. Ihnen allen möchte ich an dieser Stelle herzlich danken.

Katalanisch – eine romanische Sprache

Das Katalanische ist eine romanische Sprache, die sich aus dem gesprochenen Latein im äußersten Nordosten der Hispania Citerior bzw. der späteren Provincia Tarraconensis unter wechselnden Einflüssen entwickelt hat. Von Friedrich Diez, dem Begründer der Hochschulromanistik, bis in die ersten Jahrzehnte unseres Jahrhunderts hinein haben die Fachleute beinahe einhellig eine stärkere Verwandtschaft mit dem Okzitanischen (Provenzalischen) erkennen wollen. Als aber der spanische Historiker, Literatur- und Sprachwissenschaftler Ramón Menéndez Pidal das Kontinuum der romanischen Sprachen und Mundarten auf der Iberischen Halbinsel untersuchte und feststellte, daß es keinen Bruch, sondern einen allmählichen Übergang vom Katalanischen zum Aragonesischen, Kastilischen, Leonesischen und Galizisch-Portugiesischen im Norden der Halbinsel gibt, wurde das Katalanische von spanischen Sprachwissenschaftlern zum Iberoromanischen gerechnet. Da andererseits zum Okzitanischen hin zwar eine deutliche Sprachgrenze, aber kein eigentlicher Bruch vorliegt, haben später katalanische Sprachwissenschaftler in der Folge von Antoni M. Badia i Margarit vom Katalanischen als „Brückensprache" (llengua-pont) sprechen wollen. Geht man jedoch davon aus, daß verwandte Sprachen immer teils gemeinsame, teils unterscheidende Züge haben, dann ist ebenfalls für das Katalanische anzunehmen, daß es gemeinsame Züge mit dem Galloromanischen (besonders dem Okzitanischen) und dem Iberoromanischen hat – wobei die Gemeinsamkeiten mit dem Okzitanischen älter, die mit dem Spanischen jünger sind –, daneben aber natürlich auch mit anderen romanischen Sprachen wie dem Italienischen und sogar dem Rumänischen. Außerdem zeichnet sich das Katalanische durch eine Reihe von individuellen Zügen aus.

9

Die heutige Lage

Das Katalanische ist eine Minderheitensprache in Spanien, wenn man den Anteil der katalanischen Sprecher an der gesamten spanischen Bevölkerung mißt; es wird aber mehrheitlich in den Katalanischen Ländern selbst gesprochen und hat damit in der Selbsteinschätzung der Katalanen den Status der Sprache einer kleinen Nation wie der Tschechen, der Dänen oder der Finnen. Nur ist das Katalanische die einzige Sprache einer kleinen Nation, der die Bildung eines eigenen Staates nicht wieder gelungen ist, nachdem die Katalanen im Mittelalter einen Staat gebildet hatten und obwohl sie heute eine bedeutende wirtschaftliche Macht in Spanien besitzen. Deshalb auch ist der Fall des Katalanischen durchaus atypisch und nicht mit sonstigen Minderheitensprachen wie etwa dem Okzitanischen in Frankreich vergleichbar.

Die heutige Situation des Katalanischen ist am eindeutigsten als Diglossiesituation zu kennzeichnen. Die meisten Katalanen verwenden in allen Alltagssituationen das Katalanische, nur bei bestimmten Anlässen sprechen sie Spanisch. Obwohl das Katalanische seit den sechziger und besonders den siebziger Jahren ständig häufiger bei formellen Anlässen gesprochen wird, gilt das Spanische immer noch weitgehend als Sprache mit höherem sozialen und politischen Prestige. Am stärksten drückt sich die Diglossie in der Verwendung des Katalanischen als gesprochener Sprache und des Spanischen als geschriebener Sprache aus, da bis vor kurzem die offizielle Schulsprache ausschließlich Spanisch war und somit die Mehrheit der Katalanen nur spanisch schreiben lernte. Das Spanische war auch bislang die einzige Sprache der Institutionen, der Macht, wie man dortzulande sagt.

Die durch jahrhundertelange Unterdrückung entstandene und durch das Verbot des Katalanischen nach dem spanischen Bürgerkrieg verschärfte Diglossiesituation hatte zur Folge, daß bei der Mehrheit der Bevölkerung in einigen Katalanischen Ländern das Bewußtsein der sprachlichen und kulturellen Einheit verlorenging, was im Namen für die Sprache zum Ausdruck kommt: Valenzianisch im Valenzianischen Land, Mallorkinisch auf Mallorca und entsprechende Namen auf den anderen Inseln, Algueresisch in L'Alguer. (In diesen verschiedenen Sprachennamen und in der Weigerung, die eigene Sprache außerhalb Kataloniens und des Rosselló Katalanisch zu nennen, zeigt sich aber auch außer der politischen Zersplitterung und der zentralistischen Kulturpolitik Spaniens und Frankreichs das Mißtrauen gegen die

Hegemoniestellung Kataloniens, besonders Barcelonas.) Der diglossische Sprachen-konflikt kann sogar bis zur Leugnung des Konflikts, zur Selbstentfremdung und zur Aufgabe der ursprünglichen sprachlich-kulturellen Identität gehen. In Fällen von extremem Patois-Bewußtsein sind die jeweiligen Varianten des Katalanischen von den Sprechern als Mundarten des Spanischen angesehen worden, eine Auslegung, die gerade durch den Frankismus gesteuert wurde. Der Sprachenkonflikt und die Ent-fremdung sind in Spanien in der Provinz Alacant und überhaupt im Valenzianischen Land am weitesten gegangen. Sie sind weniger akut auf den Inseln und am wenigsten in Katalonien. Die Leugnung der sprachlichen Einheit besonders durch Valenzianer und ihre Weigerung, ihre Sprache als „Katalanisch" anzusehen, ist um so erstaunlicher, als die dialektale Differenzierung im Katalanischen geringer ist als in allen anderen romanischen Sprachen.

Im Rosselló hat die Hegemonie des Französischen das Katalanische weitaus stärker zurückgedrängt als in allen Katalanischen Ländern Spaniens. Hier kann man sagen, daß das Katalanische von der Mehrheit der jüngeren Generation nicht als Mutter-sprache gesprochen wird; es hat sich hauptsächlich in den Dörfern und Kleinstädten gehalten. (Nur bei Spielen und Festen wird üblicherweise das Katalanische verwendet, dann aber sogar mehr als das Französische.) Die Probleme des Katalanischen im Rosselló stellen sich in ähnlicher Weise wie die Probleme der sogenannten Regional-sprachen in Frankreich überhaupt. Eine Dynamik des Katalanischen im Rosselló wäre, wenn es eine solche tatsächlich und auf Dauer gibt, auch eine französische Dynamik, denn was die Sprachnorm angeht, wird das normative Katalanisch im Grunde als „spanisch" abgelehnt (wie das Italienische in Korsika, das normierte Okzitanisch in der Provence usw.). Die Katalanen im Rosselló verhalten sich also in dieser wichtigen Frage nicht anders als die Sprecher anderer Regional- bzw. Minderheitensprachen in Frankreich.

Der Sprachenkonflikt verschärft sich in Katalonien durch die massive und ständige Zuwanderung von Arbeitern aus ländlichen Gebieten vor allem Südspaniens. Ziel der Zuwanderung sind in erster Linie die Industriestädte, allen voran Barcelona und Umgebung. In einigen Orten um Barcelona ist der Zuzug so stark, daß die Mehrheit der Bevölkerung in diesen Gebieten spanisch spricht. Zum Teil wird die Zuwanderung aber auch durch die sprachliche Assimilation der Zuwanderer ausgeglichen. Diese Assimilation geht in den ländlichen Gebieten wegen der sonst drohenden sozialen Isolierung besonders in der zweiten Generation oder bei Zuwanderern unter 25 Jahren schneller vonstatten. Dagegen geht die Assimilation in Barcelona bei dem großen demographischen Gewicht der Zuwanderer langsamer vor sich. Wichtig ist auch, daß sich die Zuwanderer aus Südspanien und Extremadura bereitwilliger sprachlich anpassen als Spanier aus anderen Gebieten. Im allgemeinen kann man sagen: Je jünger ein Kastilischsprechender und je niedriger seine soziale Schicht ist, desto größer ist aus

Gründen des sozialen Aufstiegs seine Bereitschaft, katalanisch zu lernen, und desto schneller wechselt er seine sprachliche und kulturelle Identität. Denn die Akkulturation der Zuwanderer aus ländlichen Gebieten nach Katalonien und ihre soziale Mobilität sind nur über die Anpassung an die Katalanen möglich (wenn man einmal von hohen Funktionären und staatlichen Angestellten aus dem Landesinnern absieht, die spanisch sprechen). Die Akkulturation kommt einer Urbanisierung gleich durch Wechsel des Berufs, der sozialen Schicht und der persönlichen Beziehungen: Eine „Kultur" wird allmählich durch eine andere ersetzt. Die Verwendung der katalanischen Sprache ist dabei ein Zeichen für die gelungene Integration in die katalanische Kultur und Gesellschaft und für die neuerlangte ethnische Identität. Für die Katalanen beinhaltet dagegen die Erlernung des Spanischen meist keine Identifikation mit der spanischen oder eigentlich kastilischen Kultur, denn die bloße Kenntnis des Spanischen reicht für die Verständigung in den katalanischen Gebieten aus.

Über das genaue prozentuale Verhältnis von Sprechern des Katalanischen zu Sprechern des Spanischen in den Katalanischen Ländern sind wir nur ungenügend unterrichtet. Untersuchungen liegen nur für Barcelona vor und für die comarca (etwa: Gau) Osona (um Vic), die aber repräsentativ für ganz Katalonien sein dürfte. In Barcelona haben 60% der Einwohner das Katalanische als Umgangssprache, wobei der Prozentsatz je nach Stadtbezirk stark variiert. In den traditionelleren und älteren Stadtvierteln mit Alteingesessenen und in den stärker urbanisierten Zonen (auf den Hügeln) leben mehr Sprecher des Katalanischen; an der Peripherie und in den Slums leben mehr Zuwanderer mit dem Spanischen und teilweise dem Galizischen als Umgangssprache. In der comarca Osona dagegen sprechen weit über 80% der Einwohner katalanisch, darunter 8,5% Zuwanderer, die katalanisch verstehen, und 3,8%, die katalanisch sprechen. Und was das Valenzianische Land, die Inseln, das Rosselló und L'Alguer angeht, so gibt es nur Schätzwerte. Dennoch kann man für die Katalanischen Länder in Spanien annehmen, daß in den meisten Gebieten ca. 80% und mehr der Bevölkerung katalanisch sprechen. Eine Ausnahme machen die Stadt València mit einer hohen Zahl von Sprechern des Spanischen und die Stadt Alacant, in der sicherlich die Mehrheit spanisch spricht. Für das Rosselló und L'Alguer gehen optimistische Schätzungen davon aus, daß etwa die Hälfte der Bevölkerung katalanisch spricht.

Die katalanisch-spanische Diglossiesituation und der ungleiche Status der beiden Sprachen bringen Probleme mit sich. Da bis vor kurzem nur das Spanische offizielle Sprache war, haben die Katalanen die Forderung nach *Normalisierung* ihrer Sprache erhoben. Damit ist heute in den Katalanischen Ländern nicht so sehr die Erstellung einer normativen Orthographie, einer normativen Grammatik und eines normativen Wörterbuchs gemeint, die es bereits seit längerem gibt, als vielmehr die Durchsetzung der Verwendung des Katalanischen in sämtlichen öffentlichen Bereichen, wie es für andere Nationalsprachen „normal" ist. Das Ziel ist nichts weniger als die vollständige Wiedererlangung der nationalen Identität, wie sie sich in der Sprache symbolisiert.

Die Forderung nach Normalisierung des Katalanischen ist am massivsten vom Katalanischen Kulturkongreß erhoben worden, der 1975–1977 abgehalten worden ist. Seine Bedeutung ist nicht nur aus der Teilnahme von ca. 1000 Intellektuellen zu ersehen, die an ihm mitgewirkt haben, sondern auch aus der äußerst starken Resonanz ihrer Arbeit in der Öffentlichkeit. Mit dem allgemeinen Ziel, die katalanische Kultur zu verteidigen, sind Arbeitsgruppen zu allen öffentlichen Bereichen wie Sprache, Recht, Institutionen, Wirtschaft, Industrie, Landwirtschaft, Tourismus usw. gebildet worden. Die Arbeit des Kongresses führte zur Forderung nach öffentlicher Verwendung des Katalanischen in der Verwaltung, im Unterrichtswesen und in den Massenmedien, d. h. nach Normalisierung; nach Umweltschutz und Erhaltung der Natur; nach Verwendung der katalanischen Namen und besonders der Ortsnamen; und nach Wiederbelebung der Folklore.

Die Normalisierung des Katalanischen hat, verglichen mit der Unterdrückung während des Franco-Regimes, große Fortschritte gemacht, da es als offizielle Sprache in den Katalanischen Ländern Spaniens nunmehr zugelassen ist. Die rechtliche Grundlage dazu ist der Artikel 3 der 1979 durch Referendum angenommenen spanischen Verfassung, in der garantiert wird, daß die anderen „spanischen" Sprachen außer dem Kastilischen in den betreffenden autonomen Gemeinschaften in Übereinstimmung mit deren Statut offiziell sein werden und daß die verschiedenen sprachlichen Ausdrucksformen Spaniens als kulturelles Erbe besondere Achtung und besonderen Schutz genießen. Zur Zeit der Ausarbeitung der Verfassung wurde 1975 ein allgemeines Dekret erlassen, das den Gebrauch der in Spanien neben dem Kastilischen gesprochenen Sprachen im öffentlichen Leben regeln soll. Diesem Dekret folgte 1978 eine Verordnung der spanischen Regierung, die von 1979 an das Katalanische in Katalonien in den Schulen auf allen Stufen als Pflichtfach einführt. Das Katalanische hat in der Schule aber nicht denselben Status wie das Spanische: Drei Wochenstunden sind für das Katalanische in der Grundschule vorgesehen gegenüber fünf für das Spanische und ebenfalls drei bis zur Reifeprüfung gegenüber vier für das Spanische. Inwieweit andere Fächer auf katalanisch unterrichtet werden können, bleibt Einzelabsprachen zwischen Lehrern und Eltern überlassen. Durch zwei weitere gleichlautende Verordnungen von 1979 wird die katalanische Sprache auf den Inseln und die *valenzianische* Sprache im Valenzianischen Land Schulpflichtfach. Schon seit 1977 sind Katalanisch und Kastilisch an der Universität Barcelona gleichrangig.

Im Rosselló wird der Katalanischunterricht durch die 1951 verabschiedete Loi Deixonne geregelt, die das Bretonische, das Baskische, das Katalanische und das Okzitanische in den entsprechenden Gebieten fakultativ zuläßt. Eine (auch politisch) sehr bedeutende Rolle hat die Sommeruniversität in Prada bis 1975 gespielt, da sie

Katalanen aus allen Ländern ohne Unterschied der Vorbildung die freie wissenschaftliche Diskussion ermöglichte. Seit 1976 findet diese Sommeruniversität nicht mehr ausschließlich in Prada statt.

In L'Alguer wird das Katalanische an den Schulen unterrichtet. Kurse über katalanische Sprache und Literatur werden an den Universitäten Sassari und Cagliari auf Sardinien gehalten; in Cagliari ist das Katalanische sogar durch einen Lehrstuhl vertreten.

Der katalanische Episkopat tritt seit dem Zweiten Vatikanischen Konzil, zum Teil aber schon vorher, und zwar mit Nachdruck in Katalonien und auf Menorca, für das Katalanische als Sprache der Liturgie, der Predigt und des Religionsunterrichts ein. Seine Anweisungen werden aber durch viele Priester, die sich an alte Gewohnheiten halten, nicht befolgt. Dagegen hat das Konzil im Grunde nichts an der Stellung des Katalanischen in der Kirche des Rosselló geändert. Die heutige Stellung des Katalanischen ist sicherlich nicht auf den Bischof und die Kirche überhaupt, sondern vielmehr auf das mangelnde Bewußtsein der Sprecher selbst zurückzuführen, obwohl historisch gesehen die Französierung des Rosselló zum großen Teil auch das Werk der Kirche war. Heute ist die Sprache der Kirche fast ausschließlich Französisch; bis zum Ersten Weltkrieg wurden allerdings die Sonntagspredigten in den ländlichen Gebieten auf katalanisch gehalten.

Im April 1976 ist nach langer Zeit wieder eine katalanische Tageszeitung in Barcelona erschienen: Avui. Daneben gibt es seit 1979 eine Tageszeitung in Girona. Ansonsten aber werden in der regionalen Presse nur hin und wieder Artikel auf katalanisch veröffentlicht. Wochen- und Monatsschriften sind besser vertreten, aber viele davon haben sich nicht lange, zum Teil nur wenige Monate halten können. Bemerkenswert ist unter ihnen wegen ihrer Kontinuität und wegen ihres hohen Niveaus die Monatsschrift Serra d'Or.

Die Buchproduktion ist in letzter Zeit auf etwas über 1000 Titel im Jahr angestiegen. Der größte Teil (30%) besteht aus Übersetzungen, dann folgen literarische Werke, Kinderbücher, Werke zur Geschichte, Geographie, Religion und zu den Gesellschaftswissenschaften. Schriften zur Sprachwissenschaft und zu sprachlichen Themen im allgemeinen haben in den Katalanischen Ländern eine verhältnismäßig große Bedeutung auf dem Buchmarkt.

Während die Katalanen im Rosselló nur eine recht kurze Sendezeit in ihrer Sprache haben, gibt es in den einzelnen Provinzen in Spanien kirchliche Rundfunkstationen mit katalanischen Programmen (Ràdio Popular) und für Katalonien, Mallorca und Menorca den Sender Ràdio-4. Für das Valenzianische Land ist die Gesamtsendezeit nach der Umwandlung von Ràdio Peninsular de València in eine Zweigstelle des staatlichen Rundfunks von 14 auf 1½ Stunden verringert worden.

In dem seit 1956 bestehenden spanischen Fernsehen ist der Anteil der katalanischen Sendungen von einer Stunde im Monat im Jahre 1964 auf 60 Stunden im Jahre 1978 gestiegen. Allerdings werden diese Sendungen nur in den Mittags- und Nachmittagsstunden ausgestrahlt, weshalb die Zuschauerzahlen relativ niedrig sind. Übrigens hängt die Fernsehstation in Barcelona nicht von der Generalitat, sondern von Madrid ab, da das spanische Fernsehen zentralistisch ist. Von València aus wird neben einer regionalen Informationssendung die ebenfalls regionalistische Sendung Aitana auf spanisch ausgestrahlt und nicht nur im Valenzianischen Land, sondern auch auf Eivissa empfangen. Im Rosselló gibt es kein katalanisches Fernsehen.

In Andorra ist das Katalanische Staats- und in der Vall d'Aran Verkehrssprache. Es ist in Andorra immer offizielle Sprache gewesen. In der Vall d'Aran wird das Gaskognische allem Anschein nach zunehmend durch das Katalanische eingeschränkt.

Sprachgebiet und Sprecherzahlen

Es ist schwierig, genau das Gebiet anzugeben, in dem Katalanisch gesprochen wird, denn zum Aragonesischen und zum Okzitanischen hin gibt es Übergangsdialekte. Noch weniger kann man die Sprecherzahlen mit einiger Genauigkeit angeben. Der Prozentsatz der Sprecher des Katalanischen in den Orten beiderseits der Sprachgrenze ist unbekannt.

Für unsere Zwecke genügt es aber festzustellen, daß in folgenden Gebieten Katalanisch gesprochen wird:

– in Andorra;
– im ehemaligen Fürstentum Katalonien (Principat de Catalunya), das den heutigen Provinzen Girona, Barcelona, Lleida und Tarragona entspricht;
– in einem Streifen Aragoniens, der an Katalonien angrenzt, im Osten der Provinzen Huesca und Saragossa;
– im größten Teil des ehemaligen Königreichs València, d. h. in den fruchtbaren Gebieten der Provinzen Castelló de la Plana, València und Alacant, sowie um Carxe in der Provinz Murcia;
– auf den Balearen und Pityusen, von den Katalanen einfach „die Inseln" (les Illes) genannt;
– im französischen Departement Pyrénées-Orientales, bestehend aus den comarques Rosselló, Vallespir, Conflent, Capcir und dem französischen Teil der Cerdanya, die traditionell zusammen Rosselló genannt werden;
– und in L'Alguer auf Sardinien, mit den umliegenden Dörfern.

Bei einer Gesamtbevölkerung von etwas unter 10 Millionen gehen minimalistische Schätzungen von etwa 6 Millionen und maximalistische von fast 9 Millionen Sprechern aus. Ihre genaue Zahl ist nirgends bei einer Volkszählung erfaßt worden. Legt man die je nach Stadt und Land und nach historischen Gebieten unterschiedlichen Prozentzahlen zugrunde, dann dürften zwischen 7 und 8 Millionen im geschlossenen Sprachgebiet Katalanisch sprechen. Dazu kommen noch starke katalanische Gruppen in spanischen Städten, besonders Madrid, in Lateinamerika und kleinere Gruppen unter den Gastarbeitern in Frankreich, Deutschland, der Schweiz und Belgien.

16

Sprachgeschichte:
Von den Anfängen bis zum Ausgang des Mittelalters

Für das Bewußtsein der Katalanen, wenn auch nicht in den Argumenten der Kampagne für die Normalisierung ihrer Sprache, spielt es eine bedeutende Rolle, daß das Katalanische im Mittelalter den vollen Status einer Nationalsprache erlangt hat. Diese Entwicklung wurde vom 16. Jahrhundert an durch die Kastilisierung der Oberschicht und vom Anfang des 18. Jahrhunderts an durch die Unterdrückung des Katalanischen in den verschiedensten Bereichen der Öffentlichkeit durch den bourbonischen Zentralismus in Spanien und in Frankreich rückgängig gemacht und hat die Katalanen in die Defensive gebracht. Die heutigen Normalisierungsbestrebungen erscheinen somit auch als eine Rückerinnerung an eine Vergangenheit, in der eine katalanische nationale Identität ungebrochen existierte. Diese Vergangenheit ist heute noch gegenwärtig und zugänglich. Wie ein Italiener Dante lesen kann, so sind die Werke Ramon Llulls den Katalanen bei geringer Vorbereitung unmittelbar verständlich. Das Entscheidende in der katalanischen Sprachgeschichte ist also nicht die interne Entwicklung, denn die Struktur des Katalanischen ist relativ konstant geblieben, sondern das Entscheidende ist der Bruch in der kulturellen und nationalsprachlichen Tradition durch die Überfremdung durch das Spanische. Dieser Bruch in der externen Sprachentwicklung bringt eine Zweiteilung der katalanischen Sprachgeschichte in eine Zeit bis zum 15. Jahrhundert und eine Zeit vom 16. Jahrhundert bis heute mit sich. Sie ist einerseits charakterisiert durch den Niedergang des Katalanischen als Staats- und Kultursprache und zum anderen durch das Wiedererwachen der katalanischen Kultur im 19. Jahrhundert (Renaixença), an die sich politische Autonomiebestrebungen anschlossen.

In der ältesten Zeit, etwa vom 6. Jahrhundert v. Chr. bis zum Beginn der Romanisierung, sind drei Völkergruppen auf dem heutigen katalanischen Festland festzustellen: Die Iberer im Valenzianischen Land, im Ebrotal und im Gebiet um Lleida, ein baskisch sprechendes Volk in den Pyrenäen westlich der Cerdanya, das erst im Laufe des Mittelalters eher katalanisiert als romanisiert wurde, und ein nur archäologisch und mit den antiken Stammesnamen bekanntes Volk im Nordosten Kataloniens. Die iberische Sprache ist durch Inschriften in iberischer, tartessischer und griechischer Schrift belegt und entziffert; die Sprache selbst ist jedoch noch nicht enträtselt worden.

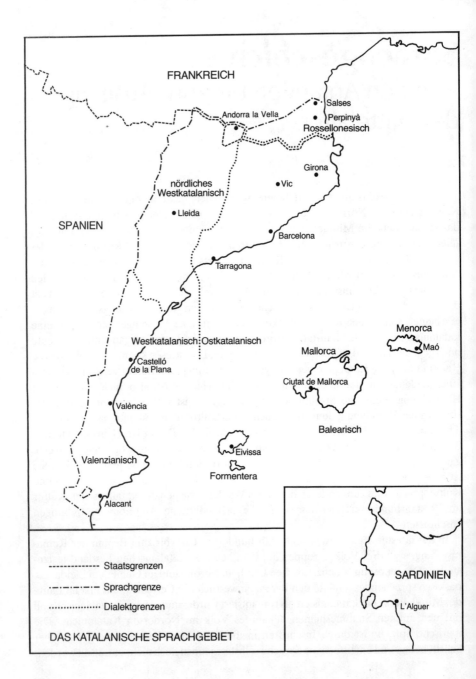

DAS KATALANISCHE SPRACHGEBIET

18

Gänzlich unbekannt ist die Sprache der talaiot-Kultur auf den Balearen in der Bronzezeit, die vielleicht in Verbindung mit der torri-Kultur auf Korsika und der Nuraghenkultur auf Sardinien steht. Überhaupt lassen sich in die balearischen Mundarten eingedrungene sprachliche Elemente erst mit den Arabern nachweisen.

Auf ein iberisches Substrat gehen möglicherweise die Wörter esquerre „links", bassa „Pfütze", „Teich" usw., carrasca „immergrüne Eiche", sarna „Krätze" und noch einige andere Wörter sowie Ortsnamen zurück. In der Phonetik schreibt man dem iberischen Substrat ferner die apikale Aussprache des [s] zu und den Unterschied zwischen Ost- und Westkatalanisch, der hauptsächlich ein Unterschied des Vokalismus ist. Die Bevölkerung im Nordosten war wohl iberisiert, denn iberische Inschriften sind bis Ensérune bei Narbonne gefunden worden. Aber auch die Kelten müssen sich in Altkatalonien (das ist das Gebiet zwischen den Pyrenäen und dem Llobregat) niedergelassen haben, wie unter anderem aus den Ortsnamen auf -dunum: Verdú, Salardú, Besalú und Wörtern keltischen Ursprungs wie balma „Höhle", bruc „Heidekraut", cabanya „Hütte", camisa „Hemd", carro „Wagen", cóm „Trog", llegua „Meile" usw. hervorgeht; diese Wörter können zum Teil auch später aus dem Okzitanischen entlehnt worden sein oder sie sind schon mit dem Vulgärlatein in die Tarraconensis gebracht worden. Eine Auswirkung des keltischen Substrats ist nach einigen Forschern die Sonorisierung der stimmlosen lateinischen Verschlußlaute -p-, -t-, -c- zu -b-, -d-, -g-, eine Innovation, die sich bis nach Katalonien ausgebreitet habe, z. B. sapere > saber „wissen", vita > vida „Leben", securu > segur „sicher". Auf die Phönizier gehen die Ortsnamen Ebusus > Eivissa und Magonis > Maó zurück und auf die Griechen die Ortsnamen Rhode > Roses und Emporion > Empúries (über latinisierte Formen); sonst sind keine direkten Hellenismen nachzuweisen, die von den griechischen Kolonien in Katalonien ihren Ausgang nehmen. Die frühen Hellenismen gelangen, wie in den anderen romanischen Sprachen, über das Latein ins Katalanische, z. B. porpra „Purpur", cop „Schlag", guix „Gips", „Kreide", escola „Schule" und viele andere.

Die Romanisierung Kataloniens – und der ganzen Iberischen Halbinsel – wurde 218 v. Chr. durch die Landung des von den Scipionen geführten Heeres in Empúries eingeleitet. Damit war Hispanien das am frühesten außerhalb Italiens romanisierte Gebiet. Im Gegensatz zu Südspanien (Baetica), in der das Latein von einer urbanisierten lateinischen und romanisierten einheimischen Oberschicht getragen wurde, verbreiteten in der Tarraconensis eher Kolonen und Veteranen das Latein. Die Provinz hatte gute Verbindungen zu Südgallien und war für sprachliche Einflüsse von dort offen. Diese allgemeine starke Offenheit für Einflüsse ist dem Katalanischen bis heute geblieben.

Zu den ältesten Einflüssen nach der Romanisierung gehören die des germanischen Superstrats und des arabischen Substrats (bzw. Adstrats). Dagegen hat die byzantinische Herrschaft wohl nur apothēkē > botiga „Laden" hinterlassen. Unter den Germanismen sind einige schon durch das Latein vermittelt worden, z. B. sabó „Seife", guerra „Krieg", robar „stehlen", guarnir „versehen (mit)", guanyar „gewinnen", orgull „Stolz", ric „reich", fresc „frisch", blanc „weiß", blau „blau". Der Superstrateinfluß der Westgoten war gering. Sie hatten 418 ein Reich gebildet, dessen Hauptstadt Toulouse war. Diesem Reich gliederten sie 476 nach der Absetzung des letzten römischen Kaisers Tarragona und València an. Von 624 an umfaßte ihre Herrschaft die ganze Halbinsel. Als bereits stark romanisiertes Volk haben sie dem Katalanischen nur die Wörter koka > coca „eine Art Torte", liska > llesca „Scheibe (Brot)", rakar > recar „bedauern" hinterlassen, die nicht im Spanischen und Portugiesischen fortgesetzt werden. Wichtiger sind die Orts- und noch mehr die Personennamen (z. B. Alfons, Bertran). Zahlreiche weitere Germanismen sind im Mittelalter eher über das Okzitanische oder das Französische ins Katalanische gelangt, so alberg „Herberge", bena „Binde", blasó „Wappen", bran „Schwert", cruixir „rauschen", „knistern" usw., esperó „Sporn", estoc „Degen", feu „Lehen", guant „Handschuh", trampa „Falle".

Die Eroberung der Halbinsel durch die Araber begann 711. Sieben Jahre später kapitulierte das Gebiet des heutigen Kataloniens, doch bald darauf setzte die Rückeroberung (Reconquesta, span. Reconquista) ein. Schon 801 wurde Barcelona befreit, die Marca Hispanica entstand. Im Laufe des 9. Jahrhunderts einigte der Graf Wilfred der Haarige (Guifré el Pelós, gest. 897) die katalanischen Grafschaften und befreite sich von den Karolingern. Nach der Vereinigung Altkataloniens mit dem Königreich Aragonien (1137) eroberte der Graf und König Raimund Berengar IV. (Ramon Berenguer) die Städte Tortosa, Lleida und Fraga (1149). Damit kamen erstmals Araber und vor allem Mozaraber (das waren die Romanen in arabischen Gebieten Spaniens), aber auch Juden unter die Herrschaft der Katalanen.

Die seit dem 9. Jahrhundert unternommene Expansion Kataloniens und später auch Aragoniens nach Südfrankreich kam nach der Niederlage Peters des Katholischen und der Albigenser bei Muret (1213), die das Schicksal der Okzitanen besiegelte, zum Stillstand, so daß nur noch die Expansion über die Reconquesta möglich war, die im wesentlichen Jakob I. der Eroberer (Jaume I el Conqueridor) zu Ende führte. Damit wurde das Katalanische wie das Kastilische und das Portugiesische durch die Wiedereroberung der arabischen Gebiete nach Süden gebracht. Um die Wiedergewinnung neuer Territorien dauerhaft zu sichern, wurden sie neu bevölkert. So eroberte Jakob I. 1229 Mallorca und besiedelte die Insel mit Ostkatalanen von der Küste. Auch auf dem 1235 eroberten Eivissa waren die Neusiedler ausschließlich Katalanen. Hingegen waren nach der Angliederung des Valenzianischen Landes (1234–1244) ebenfalls unter Jakob dem Eroberer Katalanen und Aragonesen an der Neubesiedlung beteiligt; dabei wurde das wirtschaftlich und strategisch wichtigere Küstenland meist an Katalanen vergeben, während den Aragonesen das größere, aber ärmere Gebiet im Landesinneren blieb. Wie in Westkatalonien lebten auch im Valenzianischen Land Katalanen,

Aragonesen, arabischsprachige Morisken und Juden zusammen. Die Mozaraber wurden zwar assimiliert, aber noch am Ende des 13. Jahrhunderts waren die Katalanen und Aragonesen in diesem Königreich eine Minderheit. Abgeschlossen wurde die Reconquesta mit der Einnahme von Menorca im Jahre 1287 unter Alfons II. und der Besiedlung durch Katalanen aus Katalonien und dem Valenzianischen Land. Jakob I. hatte zwar auch noch das Königreich Murcia erobert und weitgehend mit Katalanen besiedelt; aber aufgrund eines Vertrags verblieb dieses Land bei Kastilien.

Aus dem Gang der Reconquesta ist ersichtlich, daß der Einfluß des Arabischen im Valenzianischen Land stärker und dauerhafter war als in Westkatalonien. Deshalb waren die arabischen Entlehnungen in das valenzianische Mozarabisch zahlreicher als die Entlehnungen ins nördliche Westkatalanisch (Lleidatanisch). Im heutigen Valenzianisch sind mehr Arabismen aus diesem Grund üblich geblieben als in West- und besonders in Ostkatalonien. Zwar haben die Katalanen weniger Wörter übernommen als die Kastilier und die Portugiesen, der arabische Substrateinfluß geht aber dennoch vor allem über das Mozarabische sehr tief. Allerdings sind viele Arabismen der Aufmerksamkeit der Forscher anfangs entgangen, weil ihre katalanische Form sehr oft ohne den arabischen Artikel al- entlehnt worden ist: Man vergleiche zum Beispiel span. alcachofa mit carxofa „Artischocke", span. algarroba mit garrofa „Johannisbrot", span. algodón mit cotó „Baumwolle". Hier seien nur einige weitere Arabismen erwähnt aus den Bereichen der Landwirtschaft: taronja „Apfelsine", arròs „Reis", albergínia „Aubergine", safareig „Wanne", „Becken"; des Bauwesens: rajola „Backstein", „Fliese", sitja „(unterirdischer) Getreidespeicher"; des Hauses und der Küche: aixeta „Wasserhahn", safata „Tablett", tassa „Tasse", catifa „Teppich", flassada „(Bett-) Decke"; des Kriegswesens: almirall „Admiral", alferes „Fähnrich", ronda „Patrouille"; des Handels: cafís „Fuder (Maßeinheit für Flüssigkeiten)", quintar „Zentner", tarifa „Tarif", „Preisliste"; des Seewesens: drassana „Schiffswerft". Im Valenzianischen sind die Arabismen noch zahlreicher, sie haben sehr oft eine spanische Entsprechung, z. B. entspricht valenz. sanatòria (span. zanahoria) ostkat. pastanaga „Mohrrübe". Ferner ist die Zahl der arabischen Ortsnamen besonders im Valenzianischen Land sehr hoch, ganz zu schweigen von den wenig untersuchten Flurnamen.

Nicht nur durch das iberische, sondern auch durch das mozarabische Substrat können die Unterschiede zwischen dem Ost- und Westkatalanischen bedingt sein. Auch vieles im valenzianischen Wortschatz ist ursprünglich mozarabisch; als Beispiel für solche Mozarabismen mag valenz. rabosa (span. raposa) gegenüber ostkat. guineu „Fuchs" stehen. Viele lexikalische Gemeinsamkeiten des Valenzianischen mit dem Kastilischen, darunter die relativ zahlreichen Arabismen, sind demnach durch das Mozarabische vermittelt und keine Kastilianismen, wie es vom Ostkatalanischen her den Anschein haben könnte.

Nach der Vollendung der Reconquesta dehnte sich die politische Herrschaft der Katalanen und Aragonesen von Peter II. dem Großen an (1276–1285) über das ganze westliche Mittelmeer aus; das Katalanische wurde dadurch offizielle Sprache in mehreren Ländern und die Sprache einer (zahlenmäßig geringen) Führungsschicht. Auf Sizilien verwendete man es nach der Sizilianischen Vesper (1282) in den Kanzleien, und es blieb auch die dominierende Sprache, nachdem die Insel der kastilischen Krone zugefallen war. In den Herzogtümern Athen und Neopatria dauerte die katalanische Herrschaft nur wenige Jahrzehnte, von 1311 bis 1388, während sie auf Sardinien mit wechselnden Geschicken von 1323 bis ins 18. Jahrhundert bestand; aber nur Cagliari (1326) und L'Alguer (1354/1372) wurden durch Katalanen besiedelt. Das Katalanische war auf Sardinien bis zum 17. Jahrhundert Bildungs-, Handels- und Verwaltungssprache der Stadtbevölkerung.

Aus der Zeit der katalanischen Seeherrschaft im Mittelmeer während des Mittelalters stammt in den europäischen Sprachen die Form des Wortes „Galeere", die auf katalanisch galera und nicht auf byzantinisch-griechisch galéa zurückgeht. Andererseits drangen neue Wörter ins Katalanische ein, so etwa aus dem Griechischen stólos > estol „Geschwader" und parastatikón > prestatge „Regal".

Die Entwicklung des Katalanischen zur Nationalsprache lief der geschichtlichen Entwicklung parallel. Nach der anfänglichen lateinisch-katalanischen Diglossie verdrängte das Katalanische allmählich das Latein aus dem Rechtswesen und der Verwaltung; Katalanisch wird in den Kanzleien, an den Gerichten und in den Notariatsurkunden verwendet. Während ihrer ganzen Geschichte war aber die katalanische Gesellschaft nie eine einsprachige Gesellschaft, sondern immer eine mehrsprachige. Das Aragonesische war im Mittelalter Kontaktsprache; es wurde in der königlichen Kanzlei neben dem Katalanischen geschrieben. Auch bei den gemeinsamen Sitzungen der Ständeparlamente (Corts) von Katalonien, València und Aragonien wurden beide Sprachen gesprochen. Und an der Expansion des Königreichs Aragonien im Mittelmeer waren Katalanen und Aragonesen gemeinsam beteiligt. Außerdem wurde in den Katalanischen Ländern bis zur Vertreibung der Juden (1492) hebräisch und bis zur Vertreibung der Morisken (1609) arabisch gesprochen.

Die Entwicklung der katalanischen Literatursprache unterscheidet sich dadurch von der Entwicklung anderer Literatursprachen, daß nicht zuerst die Versdichtung und dann die Prosa auf katalanisch geschrieben wurde, sondern daß bis zum Anfang des 15. Jahrhunderts das Okzitanische (das „Provenzalische" oder, wie es in den Katalanischen Ländern lange hieß, das Limousinische: llemosí) die Sprache der Versdichtung war; der okzitanische Einfluß hielt auch länger an als in anderen Ländern. Zwar intervenierten die Katalanen politisch in Okzitanien, kulturell aber und sprachlich war umgekehrt der okzitanische Einfluß dominant. Katalanen schrieben sogar die ersten präskriptiven okzitanischen Grammatiken und Poetiken, insbesondere Ramon

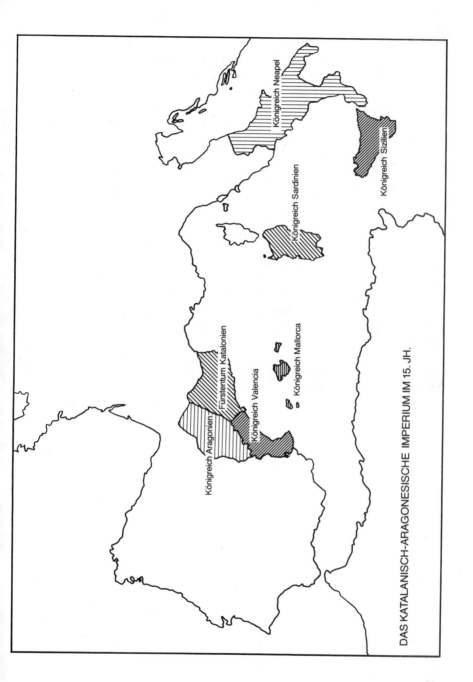

Königreich Neapel

Königreich Sizilien

Königreich Sardinien

Fürstentum Katalonien

Königreich Valencia

Königreich Aragonien

Königreich Mallorca

DAS KATALANISCH-ARAGONESISCHE IMPERIUM IM 15. JH.

Vidal aus Besalú (Rasons de trobar, „Regeln zum Dichten"). Über die Lyrik und die politischen Kontakte sind sicherlich Okzitanismen wie beutat „Schönheit", coratge „Mut", daurar „vergolden", ermitatge „Einsiedelei", espasa „Schwert" in die katalanische Gemeinsprache gelangt. In einer archaisierenden Dichtungssprache konnten noch bis zum Anfang des 20. Jahrhunderts Okzitanismen gebraucht werden, so in den Gedichten von Joan Maragall (1860–1911).

Die katalanische Schriftsprache entstand also als Prosasprache. Zunächst dringen wie überall in der Romania volkssprachliche Formen in die lateinischen Urkunden ein. Der erste katalanische Text ist jedoch eine wörtliche Übersetzung des Liber iudiciorum (in Kastilien bekannt als Forum Iudicum und 1241 als Fuero Juzgo ins Kastilische übersetzt), der westgotischen Gesetzessammlung aus dem 7. Jahrhundert; diese Übersetzung ist auf die Mitte des 12. Jahrhunderts zu datieren. Der erste überlieferte, wenn auch bescheidene literarische Text sind sechs Predigten, die im Pfarrhaus von Organyà bei La Seu d'Urgell gefunden wurden und die gegen Ende des 12. oder zu Anfang des 13. Jahrhunderts in einfacher Sprache verfaßt worden sind (Homilies d'Organyà). Diese frühen Texte könnten eine Folge eines eigenen Sprachbewußtseins sein, das sich nach der Vereinigung mit Aragonien (1137) herausbildete.

Im eigentlichen Sinne geschaffen wurde jedoch die Literatursprache von Ramon Llull (Raimundus Lullus, um 1235–1315/1316), der außerdem noch lateinisch und arabisch schrieb. Durch ihn war das Katalanische die erste romanische Sprache (und die erste Volkssprache in Europa überhaupt), in der philosophische und wissenschaftliche Werke abgefaßt wurden. Die Bedeutung Llulls für die katalanische Sprache entspricht der Dantes für das Italienische und der Alfons' des Weisen für das Spanische. Seine Sprache ist einerseits frei von Okzitanismen und volkstümlich, sie enthält andererseits aber auch viele Neologismen, meist Wortbildungen, die offenbar von Llull selbst geschaffen wurden (ca. 7%), und zahlreiche katalanisierte lateinische Wörter: concret, substància, essència (ca. 21%). Über die enzyklopädischen Werke von Ramon Llull, von Francesc Eiximenis (um 1340–1409), über die religiösen Werke von Arnau de Vilanova (um 1237–1311) und dessen medizinische Abhandlung (Regiment de sanitat, 1305), über die frühen Humanisten, vor allem Bernat Metge (vor 1346–1413), und nicht zuletzt die Kirche, die Rechtspraxis und die Kanzleien wird das Katalanische während des ganzen Mittelalters stark relatinisiert.

Zwischen dem 13. und dem 15. Jahrhundert erreichte das Katalanische den vollen Status einer Kultur- und Nationalsprache, die in allen Bereichen der öffentlichen Verwaltung und der Kultur und in allen Gesellschaftsschichten Geltung hatte. Es war im Mittelalter die einheitlichste und am besten kodifizierte romanische Schriftsprache, da die katalanischen Mundarten eine geringe dialektale Differenzierung aufwiesen; es war Hofsprache, die Sprache der Parlamentsreden, Gesetze, Urkunden und Verträge und der damals gepflegten Wissenschaften. Das literarische Denkmal der in der

Reconquesta und Expansion gefestigten nationalen Identität sind die vier großen Chroniken: Jakob I. der Eroberer (mit Mitarbeitern) beschreibt die Reconquesta im 13. Jahrhundert, Bernat Desclot besonders die Regierungszeit Peters II. des Großen (Pere II el Gran), Ramon Muntaner die Geschichte der Katalanen im östlichen Mittelmeer und Peter III. der Zeremoniöse (Pere III el Cerimoniós, 1336–1387) seine eigene Regierungszeit (zusammen mit Bernat Descoll). So wichtige Gesetzestexte wie das Seerecht (Libre del Consolat de Mar) und die Furs („Sonderrechte") von València (1261) wurden aus dem Lateinischen übersetzt.

Der italienische Humanismus wirkte sich in den Katalanischen Ländern wegen der Verbindungen der aragonesischen Krone mit Italien schon im 14. Jahrhundert aus, früher als sonst auf der Iberischen Halbinsel (Dante wurde zum Beispiel übersetzt). In der Literatur hat Bernat Metge, Sekretär des Königs Johann I., den Humanismus eingeführt; sein Hauptwerk ist Lo Somni („Der Traum", 1399), in dem er sich an dem stilistischen Ideal der lateinischen Prosa orientiert. Im Laufe des 15. Jahrhunderts wird die Prosa zunehmend im Wortschatz und in der Syntax latinisiert. Die Tragödien Senecas, Ciceros De officiis, Quintus Curtius und andere lateinische Werke werden übersetzt. Aber dieser von einer dünnen Oberschicht von Adligen, Großbürgern und Geistlichen getragene Humanismus hatte keine Resonanz im Volk. Da der Humanismus, d. h. die Vorbereitung der Renaissance (Renaixement), mit dem allgemeinen politischen und kulturellen Niedergang der Katalanischen Länder zusammenfiel, ergaben sich keine weiteren Auswirkungen in der Zukunft.

Trotz des Niedergangs in den letzten Jahrzehnten ist das 15. Jahrhundert das Zeitalter der Expansion im Mittelmeerraum und das Goldene Zeitalter der katalanischen Literatur. Ausiàs March (1397–1459) ist der erste Dichter, der katalanisch schreibt und den ‚Stil der Troubadoure' aufgibt (Lleixant a part l'estil dels trobadors . . .). València, nicht Barcelona, ist das Hauptzentrum der Kultur; die meisten Autoren sind Valenzianer oder leben im Königreich València. Ebenfalls in València wird das erste katalanische Buch gedruckt (Trobes en llaor de nostra dona Santa Maria, 1474) und die erste Übersetzung der Bibel in eine romanische Volkssprache veröffentlicht (1478). Bald darauf werden aber aus kommerziellen Gründen meist spanische und relativ selten katalanische Bücher gedruckt. So ist auch das erste größere Wörterbuch einer romanischen Sprache, der Liber elegantiarum des Valenzianers Joan Esteve, das die Erlernung des Lateins erleichtern sollte, 1489 in Venedig gedruckt worden.

Es gibt auch schon einen sehr frühen Versuch einer Normierung des Wortschatzes, ein damals unveröffentlicht gebliebenes Dokument des Sprachpurismus, die Regles d'esquivar vocables e mots grossers o pagesívols („Regeln zur Vermeidung gemeiner und bäuerischer Wörter") von Bernat de Fenollar (um 1440 bis um 1526), die von Jeroni Pau erweitert wurden.

Im Anschluß an diesen Überblick über die äußere Sprachgeschichte im Mittelalter charakterisieren wir, ausgehend von einem Textstück aus dem Libre de Evast e Blanquerna von Ramon Llull, kurz das Altkatalanische im Hinblick auf seine Unterschiede zum Neukatalanischen. Diese Unterschiede sind so bemerkenswert gering, daß dieser Text mit unbedeutenden altkatalanischen Kenntnissen gelesen werden kann. Gerade im Gegensatz zur deutschen Literatur ist die katalanische von der Sprache her bis zu ihren Anfängen hin unmittelbar zugänglich.

Bevor Blanquerna in die Einöde geht, macht seine Mutter Aloma den Versuch, ihn durch eine Heirat mit Natana von dieser Absicht abzubringen.

Com tots hagueren ja menjat, Aloma pres lo seu mantell, y dix a Blanquerna que la acompanyàs, que volia anar a casa de una dona conexenta sua ab la qual havia de parlar. Blanquerna acompanyà a Aloma, sa mare, fins a la casa de Nastàsia, y entrà-se'n Aloma ab son fill Blanquerna en la cambra, hon trobaren a Nastàsia y Natana, que
5 estaven les dos a soles. Natana era molt ricament vestida y de riques vestidures, y era naturalment ornada de molt gran bellesa. Dix Aloma a Natana: – Teniu companyia, si us plaurà, a mon fill Blanquerna, mentres que yo parlaré ab vostra mare Nastàsia –. Blanquerna y Natana restaren los dos a soles en la cambra, e Aloma y Nastàsia entraren a parlar en una altra cambra.
10 Mentres que Blanquerna y Natana seyen la hu prop del altre, y Blanquerna considerava en son viatge, Natana començà a dir a Blanquerna estes paraules: – Senyor Blanquerna: molt temps ha que yo he desijat com vos pogués dir y descobrir mon cor. Amat vos he de intrínseca amor, ab tot mon cor, gran temps ha, y sobre totes coses desige ésser vostra muller. Fort amor me costreny a dir-vos ara estes paraules. Si vós,
15 per linatge y per riquesa, sou digne de haver més honrada o més riqua muller, ajude'm amor, la qual me fa a vós coralment amar, e ajude'm bona intenció, la qual me fa a vós amar per ésser vostra muller e no per ningun altre desordenat pensament; y cumpla Déu ma voluntat, la qual me fa desijar de vós haver fills qui sien servidors de Déu, e que resemblen a vós en la sancta vida en la qual sou vengut per la gràcia de Déu e per
20 doctrina y bon exemple de vostre pare Evast e de vostra mare Aloma, los quals són de major sanctedat que ningunes altres persones de aquesta ciutat. – (Libre de Evast e Blanquerna, Bd. 1, Barcelona 1935, S. 67–68).

Zu deutsch:

Sowie alle nun gegessen hatten, nahm Aloma ihren Mantel und sagte zu Blanquerna, daß er sie begleiten solle, denn sie wolle zu einer Frau gehen, einer Bekannten von ihr, mit der sie zu reden habe. Blanquerna begleitete Aloma, seine Mutter, zum Hause Nastàsias, und Aloma trat mit ihrem Sohn Blanquerna in das Zimmer ein, in dem sie

5 Nastàsia und Natana fanden, die beide allein waren. Sehr reich und mit reichen Kleidern
war Natana bekleidet, und sie hatte eine sehr große natürliche Schönheit. Aloma sagte
zu Natana: „Leistet bitte meinem Sohn Blanquerna Gesellschaft, während ich mit Eurer
Mutter Nastàsia spreche." Blanquerna und Natana blieben beide alleine im Zimmer,
und Aloma und Nastàsia gingen zum Sprechen in ein anderes Zimmer.

0 Während Blanquerna und Natana beieinander saßen und Blanquerna über seine
Reise nachdachte, begann Natana folgende Worte zu Blanquerna zu sprechen: „Herr
Blanquerna, seit langem habe ich mir herbeigewünscht, wie ich Euch mein Herz
aussprechen und öffnen könnte. Ich habe Euch schon lange mit innerlicher Liebe
geliebt, von ganzem Herzen, und vor allen Dingen wünsche ich, Eure Frau zu werden.

5 Starke Liebe zwingt mich dazu, Euch jetzt diese Worte zu sagen. Wenn Ihr es durch
Herkommen und durch Reichtum verdient, eine würdigere oder reichere Frau zu
bekommen, so helfe mir die Liebe, die mich Euch herzlich lieben läßt, und so helfe
mir die gute Absicht, die mich Euch lieben läßt, Eure Frau zu werden, und nicht aus
irgendeinem anderen zügellosen Gedanken; und Gott erfülle meinen Willen, der mich

0 wünschen läßt, von Euch Kinder zu bekommen, die Diener Gottes sind, und daß sie
Euch in dem heiligen Leben gleichen, in das Ihr durch die Gnade Gottes und die
Unterweisung und das gute Beispiel Eures Vaters Evast und Eurer Mutter Aloma
gekommen seid, die von größerer Heiligkeit sind als irgendwelche anderen Menschen
dieser Stadt."

In der Phonetik läßt sich aufgrund dieses Textes nicht viel feststellen abgesehen
davon, daß die Orthographie heute normiert ist; aber bei den meisten mittelalterlichen
Texten wäre es nicht anders. Die Neutralisierung der unbetonten Vokale zu [ə], [i] und
[u] des heutigen Ostkatalanisch ist zu dieser Zeit noch nicht völlig eingetreten, sondern
sie steht noch in ihren Anfängen. Auffallend ist nur das Fehlen der Elision von Vokalen
im Hiat wie bei la acompanyàs (2), de una dona (2), una altra cambra (9), de haver
(15), de aquesta ciutat (21). Bei la hu (10) statt lo hu ist die Dissimilation geblieben:
la un „der eine". Die Kontinuität der Orthographie, die, wie wir noch sehen werden,
ihre besonderen Gründe hat, bewirkt den Eindruck der unmittelbaren Zugänglichkeit,
denn die meisten Wortformen des Neukatalanischen haben dieselbe Orthographie wie
bei Llull.

Der maskuline Artikel ist im Altkatalanischen lo, los, mit der selteneren Variante
el, els, während im Neukatalanischen el, els die Formen der Norm und lo, los Varianten
sind. Die analogische Bildung des Feminins beim Adjektiv hat noch nicht das
gegenwärtige Ausmaß erreicht; so heißt es noch fort amor (14) statt forta amor. Auch
beim Wort für „zwei" sind die Formen des Maskulinums und des Femininums nicht
immer getrennt: los dos (8), les dos (5). Die Standardformen des Neukatalanischen sind
dos, dues, daneben ist dos für beide Genera mundartlich weit verbreitet. Das

Adjektiv wird bereits im Altkatalanischen mit més < magis gesteigert (wie im Spanischen und Portugiesischen), pus < plus (wie im Galloromanischen und Italienischen) ist dagegen seltener. Bei den Possessiva bestehen die betonten und die unbetonten Formen meu und mon, seu (lo seu mantell, 1) und son (en son viatge, 11) nebeneinander, ohne daß ein funktioneller Unterschied erkennbar wäre. Die unbetonten Formen mon, ma, mos, mes; ton, ta, tos, tes; son, sa, sos, ses haben sich besonders mundartlich gehalten, ihre Verwendung in der Standardsprache ist jedoch sehr eingeschränkt. Dafür sind die betonten Formen altkat. meu, mia, meus, mies; teu, tua, teus, tues; seu, sua, seus, sues (mit dem Artikel) eingetreten, deren heutige Formen nach meu analogisch umgestaltet sind: meu, meva, meus, meves usw. Die mittelalterliche Sprache kannte noch llur < *illorum „ihr" (für mehrere Besitzer), das jetzt dialektal und literarisch ist. Abgesehen von der im Neukatalanischen obligatorischen Verwendung des Artikels sind nostre, vostre nicht bemerkenswert. Das Demonstrativpronomen est in estes paraules (11) hat sich im Valenzianischen erhalten.

Beim Verb sind die Unterschiede etwas größer. Die erste Person des Präsens Indikativ endet auf -e: desige (14) (oder Ø) statt wie heute auf -o: desitjo (-e existiert im Valenzianischen weiter). Eine große Zahl von starken Perfektformen des Lateins ist im Altkatalanischen erhalten wie *prensit > pres (1), dixit > dix (1). Die meisten Formen sind nach einem Analogieverfahren neu gebildet worden, so auch prengué statt pres und digué statt dix. Wenige alte Formen des perfet simple sind in etwa geblieben wie z. B. fou „(er) war", féu „(er) tat". Vor allem aber entstand ein periphrastisches Perfekt, das von der Mitte des 14. Jahrhunderts an belegt ist, die Periphrase mit anar „gehen". Diese Periphrase ist die heute alleinig gesprochene Form, das perfet simple dagegen ist ausschließlich literarisch (bzw. es wird nur geschrieben). Statt digué, prengué sagt man also va dir, va prendre. Bestimmte Verben bildeten das zusammengesetzte Perfekt mit ésser wie in sou vengut (19), das weiterhin in ähnlicher Weise dialektal existiert, aber in der Standardsprache durch haver ersetzt worden ist: heu vingut. Der altkatalanische Konjunktiv Präsens weist die etymologischen Formen auf: ajude'm (15, 16), resemblen (19), cumpla (17), sien (18). Das neukatalanische Konjunktivmorphem ist einheitlich -i: ajudi, resemblin, compleixi, siguin. Bei den Präpositionen gibt es, abgesehen von Unterschieden der Form (ab > amb), auch Unterschiede der Verwendung. So steht a wie im Spanischen vor dem personalen direkten Objekt: Blanquerna accompanyà a Aloma (3), trobaren a Nastàsia y Natana (4), was im Neukatalanischen als Kastilianismus angesehen wird. Ebenso würde en statt a in en la cambra (8) heute als syntaktischer Kastilianismus gelten. In der Wortstellung ist im Neukatalanischen die Folge Subjekt – Verb – Objekt die übliche; im Altkatalanischen kann eine Verbform dagegen am Anfang des Satzes stehen: Dix Aloma a Natana (6), Amat vos he (13). Im Wortschatz haben sich viele Änderungen vollzogen; charakteristisch ist die Ersetzung von haver (15, 18) durch tenir und die von amar (13) durch estimar. Auffällig und zugleich charakteristisch sind die zahlreichen Entlehnungen aus dem Latein: considerava (11), intrínseca (13), intenció (16), voluntat (18), sanctedat (21), gràcia (19), doctrina (20), exemple (20) u. a.

Natürlich gibt es auch Texte, die sich weit mehr als dieser vom heutigen Katalanisch unterscheiden. Von der Art der Sprache Llulls und der großen Chroniken aber ist die Sprache, die sich bis heute fortgesetzt hat.

Sprachgeschichte:
Decadència, Renaixenca, Gegenwart

Die Geschichte des Katalanischen vom 16. Jahrhundert bis zur Gegenwart ist eine Geschichte der Einschränkung seiner Verwendung, später seiner Unterdrückung durch das Kastilische (bzw. Französische) und seiner Kastilianisierung. Die stetige Unterdrückung löste eine Gegenbewegung in Katalonien, weniger im Valenzianischen Land und auf den Inseln aus, die ihre Ursachen unter anderem im wirtschaftlichen Aufschwung Kataloniens hatte. Mit dem wirtschaftlichen und sozialen Aufstieg des Bürgertums erhielt das Katalanische als dessen Sprache eine neue kulturelle und bald danach politische Bedeutung. Der literarische Ausdruck des Widerstands gegen die sprachliche und politische Kastilianisierung und der allmählichen Emanzipation vom Kastilischen ist die Renaixença, die Renaissance des Katalanischen als Literatursprache. Heute, nach der Politisierung des anfangs nur kulturell ausgerichteten Katalanismus, sind dagegen politische Autonomie und Normalisierung der Sprache nicht mehr zu trennen. Der Prozeß dieser Emanzipation ist nicht bis an sein Ende gelangt.

Wohl in die Zeit der nur volkssprachlichen Tradition seit dem Ausgang des Mittelalters fällt die dialektale Ausgliederung des Katalanischen, nachdem im Mittelalter die Grenze zwischen dem Ost- und dem Westkatalanischen durch die Reconquesta entstanden war (obwohl die einheitliche mittelalterliche Schriftsprache darauf und auf sonstige regionale Unterschiede keine Rückschlüsse zuläßt). Zu den recht geringen dialektalen Unterschieden steht die starke Fragmentierung des Sprachbewußtseins, die ein Ergebnis der innerkatalanischen Geschichte sowie der Kastilianisierung ist, in direktem Gegensatz. Das Mißtrauen gegen die kulturelle, wirtschaftliche und politische Hegemonie Kataloniens und insbesondere Barcelonas, an der sich seit dem 19. Jahrhundert wenig geändert hat, trägt zur Erhaltung dieses falschen Sprachbewußtseins bei.

Auf der im ganzen gesehen volkstümlichen Sprach- und Literaturtradition beruht auch der volkstümliche Charakter der katalanischen Literatursprache, die darin eher der deutschen, nicht zum Beispiel der französischen oder italienischen Literatursprache ähnlich ist.

Die Anfänge der Kastilianisierung reichen bis zur Thronbesteigung Ferdinands von Antequera aus der kastilischen Dynastie der Trastámaras nach dem Schiedsspruch von Casp (1412) zurück, wodurch das Kastilische am Hofe und bei offiziellen Anlässen vorherrschend wurde. Diese Sprache oder das Italienische verwendeten Schriftsteller auch schon im 15. Jahrhundert am Hofe von Alfons dem Großmütigen (Alfons el Magnànim) in Neapel (andererseits schreiben viele Aragonesen und einige Kastilier auch katalanisch).

Auch nach der Heirat Ferdinands des Katholischen mit Isabella von Kastilien (1469) und nach seiner Thronbesteigung (1479) blieben die Königreiche Kastilien und Aragonien weiterhin getrennt. An dieser Tatsache ändert weder Karl I., der spätere Kaiser Karl V. von Deutschland etwas noch die anderen Habsburger Könige. Die Katalanen und Aragonesen galten im Königreich Kastilien weiterhin als Ausländer wie die Bewohner der anderen Staaten des Habsburgerreichs. Aus diesem Grund waren die Katalanen von der Eroberung Amerikas und vom Handel mit Amerika ausgeschlossen. Die Tatsache, daß die Sprache des Königs das Kastilische war, hatte zur Folge, daß der Adel zur Sicherung seiner Privilegien diese Sprache ebenfalls übernahm, zumal er Anschluß an den mächtigeren kastilischen Adel suchte. Damit entfiel die damals kulturell tragende Schicht zur Stützung des Katalanischen als Kultur- und Nationalsprache. Das Kastilische konnte über den Hof hinaus Literatursprache in den Katalanischen Ländern werden und sich allmählich auf andere Gesellschaftsschichten ausbreiten. Ein bedeutender Dichter wie Joan Boscà (Juan Boscán, 1487/92–1542) aus Barcelona schreibt kastilisch, so auch Dichter und Schriftsteller am valenzianischen Hof der Herzöge von Kalabrien (1526–1550). Diese Tendenz verstärkte sich im Laufe des 16. und 17. Jahrhunderts, aber nur selten ist die von Katalanen geschriebene kastilische Literatur bedeutend (z. B. Guillén de Castro).

Das Ausstrahlungszentrum der Kastilianisierung ist València, damals *de facto* Hauptstadt der Katalanischen Länder und kulturelles Zentrum. Eine neue Diglossiesituation entsteht: Die im 15. Jahrhundert wirksamen Tendenzen zur Vereinheitlichung der Sprache lassen nach, die Sprachnorm löst sich auf, die Oberschicht und die Gebildeten werden vor allem in den Städten València, Barcelona und Perpinyà zweisprachig. Die Kirche fördert die Kastilianisierung. So datiert die heutige Diglossiesituation in ihren Anfangsstadien aus dem 16. und 17. Jahrhundert; die Folge ist eine stärkere Dialektalisierung des Katàlanischen, die in der Gegenwart in einigen Gebieten bis zur Patoisierung gegangen ist.

Die schon im Mittelalter angelegten Divergenzen (aufgrund der Eigenständigkeit des Fürstentums Katalonien, des Königreichs Mallorca, des Königreichs València), die Verwaltung der Länder der aragonesischen Krone durch verschiedene Vizekönige, die Beibehaltung der rechtlichen und sonstigen Unterschiede der Länder, dies alles führte zu einer Differenzierung des politischen und infolgedessen auch des sprachlichen

Bewußtseins der Katalanen (s. dazu Text 5). Eine erste Auflösung des Sprachbewußtseins ist um 1500 zu bemerken, da nun das Valenzianische stärker dem Katalanischen gegenübergestellt wird. Die mittelalterliche Sprache wird dagegen llemosí genannt. So konnte noch während der Decadència, der Zeit des Niedergangs der Katalanischen Länder, aufgrund der unterschiedlichen Sprachennamen die Meinung aufkommen, im Mittelalter habe eine einheitliche Sprache bestanden, die sich zu mehreren neuen Sprachen entwickelt hätte.

In der Zeit der Decadència wurden dennoch viele Schriften veröffentlicht (obwohl noch mehr, begreiflich in dieser Situation, nur im Manuskript erhalten sind), vor allem medizinische, religiöse, geschichtliche, juristische, philosophische, wissenschaftliche Schriften, die aber im allgemeinen von geringer Qualität sind. Vereinzelt wurde versucht, Literatur zu machen: Berühmt-berüchtigt sind der Pfarrer von Vallfogona, Vicenç Garcia (1579/82–1623), der skabröse Sonette schrieb, und der ihm kaum nachstehende valenzianische Prosaschriftsteller Francesc Mulet (1624–1675). Zwar wurde die Forderung nach „Illustration" des Katalanischen erhoben und Martí de Viciana verherrlichte insbesondere das Valenzianische (auf spanisch) im Libro de alabanças de las lenguas hebrea, griega, latina, castellana y valenciana (1574), aber niemand brachte diese Leistung zustande.

Trotz allem war das Katalanische noch offizielle Sprache. Früher als in den übrigen Gebieten änderte sich sein Status im Rosselló, das durch den Pyrenäenvertrag an Frankreich kam (1659). Die Diglossie setzte mit der Französierung des Adels, des Großbürgertums und der Geistlichen ein. Unmittelbar nach der Annexion erhalten die französischen Jesuiten das Monopol des Unterrichts an höheren Schulen für Jungen (1661) und entsprechend die Benediktinerinnen für Mädchen. Von 1672 an war das Französische ausschließlich Sprache des Grundschulunterrichts in Perpinyà, und von 1682 an war die Kenntnis des Französischen Voraussetzung für die Bekleidung öffentlicher Ämter. Seit dem königlichen Erlaß von 1700, der im Grunde den Geltungsbereich der Verordnung von Villers-Cotterêts (1539) auf das Rosselló ausdehnt, dürfen gerichtliche Dokumente und öffentliche Urkunden nur noch auf französisch abgefaßt werden. Auf dieser Linie liegen ebenfalls die diskriminierenden Maßnahmen der Sprachpolitik der Französischen Revolution und die Einführung der allgemeinen Schulpflicht (1882), die Strafen für Eltern und Lehrer sowie Demütigungen für Schüler zur Folge hatten, die in der Schule katalanisch sprachen. Der soziale Aufstieg ist daher in der Regel mit dem Wechsel der Sprache verbunden. Die heutigen Forderungen der katalanischen Bewegung im Rosselló sind überwiegend kulturalistisch, und sie haben nur zur Einführung des Katalanischen als Wahlfach in den Schulen nach der Loi Deixonne (1951) geführt. Die politischen Forderungen kleiner Gruppen haben noch keine nennenswerten Änderungen gebracht.

Die massive Kastilianisierung der Katalanischen Länder in Spanien beginnt nach dem Spanischen Erbfolgekrieg, in dem die Katalanen auf der Seite der Habsburger kämpften. Erst nach dem Vertrag von Utrecht und nach dreizehnmonatiger Belagerung fällt Barcelona am 11. September 1714, einem Tag, der heute symbolische Bedeutung für die Katalanen hat. Ein Jahr später ergab sich Mallorca. Mehrere Jahre zuvor ist València eingenommen worden. Der bourbonische König Philipp V. führte den Zentralismus in die Katalanischen Länder ein. Der Beginn der Zentralisierung und zugleich der Repression war das Decreto de Nueva Planta (für València 1707, für Mallorca 1715, für Katalonien 1716). Am radikalsten war das noch während des Kriegs erlassene Dekret für das Valenzianische Land, durch das das alte Recht (die furs) und die Privilegien abgeschafft und das Kastilische zur offiziellen Sprache erklärt wurde; ähnlich waren das Dekret sowie weitere Erlässe für Mallorca konzipiert. In Katalonien wird der Vizekönig durch einen Statthalter ersetzt (Capitán General), dem ein königliches Gericht (Real Audiencia) zugeordnet wird. Die Universitäten Kataloniens werden geschlossen; eine neue wird im bourbonentreuen Cervera gegründet. (Barcelona bekam erst 1842 endgültig wieder eine Universität.)

Die Katalanischen Länder sind seit dem Decreto de Nueva Planta nicht mehr Ausland gegenüber Kastilien. Dementsprechend sollte das Kastilische auch tatsächlich zur „spanischen", d. h. zur in allen spanischen Ländern geltenden offiziellen Sprache werden. Diese Offizialisierung des Kastilischen in Katalonien setzte damit ein, daß das Kastilische als alleinige offizielle Sprache an der Real Audiencia zugelassen wurde. Das 18. Jahrhundert ist eine Zeit der Verbote des Katalanischen: Karl III. führt 1768 den Unterricht des Kastilischen in ganz Spanien ein; 1773 wird die Buchführung auf kastilisch verordnet; 1799 das Katalanische im Theater verboten. Diese und noch andere Verbote waren in der Praxis nicht allgemein durchführbar, und es wurde ihnen so viel Widerstand entgegengesetzt, daß sie teilweise mehrmals wiederholt werden mußten. Dennoch blieben die Folgen nicht aus: Um 1800 war das Spanische die Sprache der Gerichte, der Schulen, der Akademien, des Handels, der Literatur, der Kirche; und überhaupt wurde es in Angelegenheiten von einiger Wichtigkeit verwendet.

Das Kastilische wird aber im 18. Jahrhundert nicht nur als Sprache der Unterdrückung, sondern auch als Universalsprache erfahren, als Sprache der Wissenschaften mit universellem Anspruch wie gleichfalls das Französische. Dies gilt insbesondere für den Valenzianer Gregori Mayans i Siscar (1699–1781) und für den katalanischen Aufklärer Antoni de Capmany (1742–1813), der auch ein guter Kenner der katalanischen Literatur des Mittelalters war. Soweit die Katalanen spanisch schrieben, brachten sie große Beiträge zur Erudition; in der spanischen Literatur im engeren Sinne haben die Katalanen verhältnismäßig wenig Bedeutendes geleistet. Viele Katalanen, die zur spanischen Literatur gehören, waren außerdem aragonesischer oder kastilischer Abstammung (so etwa der oben genannte Guillén de Castro).

Dennoch war dies keine literaturlose Zeit; denn da die Masse der Bevölkerung einsprachig katalanisch blieb, war auch die Volksliteratur überall katalanisch, so das Volkstheater mit den sainets (humoristischen Einaktern, die nach einem längeren Theaterstück aufgeführt wurden), das religiöse Theater und die Erbauungsliteratur, die goigs (Gedichte zu Ehren Marias oder eines Heiligen), auques (Bilderbögen), nadales (Weihnachtslieder), Romanzen, Sprichwörter. Diese Volksliteratur hat die Kontinuität des Katalanischen zwar nicht als eigentlicher Literatursprache, aber doch als Schriftsprache ermöglicht.

Die Zeit der Volksliteratur wird von einer katalanischen Philologie *in statu nascendi* begleitet, die auch durch die Versuche der Unterdrückung der Sprache bedingt ist. So vertritt Antoni de Bastero i Lledó (um 1675–1737) in dem auf italienisch veröffentlichten Werk La Crusca provenzale (Rom 1724) die These von der Identität des Katalanischen mit dem Okzitanischen, die von A. W. Schlegel übernommen wurde. Nach Basteros Darstellung leitet sich das Okzitanische (das „Provenzalische") aus dem Katalanischen her, und er nennt die älteste Phase des Katalanischen „romanische Sprache", von der die anderen romanischen Sprachen abstammen sollen, eine Ansicht, die in gewisser Weise noch François Raynouard vertrat. Den Mythos von der sprachlichen Einheit des Katalanischen mit dem Okzitanischen zerstörte erst der katalanische Gelehrte Manuel Milà i Fontanals mit seinem Werk De los trovadores en España (1861). Signifikant für die allgemeine Situation des Katalanischen im 18. Jahrhundert ist, daß die etwa 40 Bände Manuskripte von Bastero unveröffentlicht geblieben sind, darunter eine Controvèrsia sobre la perfecció de l'idioma català „Kontroverse über die Vollkommenheit der katalanischen Sprache" und eine Historia de la lengua catalana „Geschichte der katalanischen Sprache", letztere zum größten Teil spanisch geschrieben. Der Volks-schriftsteller Carles Ros (1703–1773) schrieb Apologien des Valenzianischen, Epítome del origen y grandezas del idioma valenciano (1734) und Cualidades y blasones de la lengua valenciana (1752) und unter anderem ein valenzianisch-kastilisches Wörterbuch (1739). Auch Fra Lluís Galiana (1740–1771) verteidigt das Valenzianische und tritt für die Veröffentlichung der katalanischen Klassiker des Mittelalters ein.

Neben den Apologien sind zahllose zwei- oder mehrsprachige Wörterbücher und Orthographietraktate erschienen, die zum einen die Erlernung des Kastilischen und des Lateinischen erleichtern sollten, in denen zum anderen aber auch aktiv Forderungen nach literarischer Verwendung des Katalanischen erhoben wurden. In dieser Zeit wird die wohl erste katalanische Grammatik, die von Josep Ullastre, geschrieben. Die erste im Druck erschienene Grammatik ist die Gramàtica i apologia de la llengua catalana (1814) des Priesters Josep Pau Ballot i Torres; er hat diese Grammatik auf den Wunsch von Katalanen hin abgefaßt, um die Erlernung des Spanischen als Sprache der ganzen Nation zu erleichtern. Daneben verteidigt er das Katalanische als „llengua nativa" und als Kultursprache.

Eine Ausnahme machte in dieser Periode Menorca. Die Insel kam nach dem Vertrag von Utrecht unter englische Herrschaft, die mit Unterbrechungen bis 1802 andauerte. Die Engländer änderten nichts an der politischen Struktur, der sprachlichen und kulturellen Eigenheit der Insel, und so erlebte sie im Gegensatz zu den anderen Katalanischen Ländern eine Blütezeit der Kultur bei einer Bevölkerung von nur ca. 20 000 Einwohnern. Das Katalanische blieb offizielle Sprache, sogar in der Societat Maonesa de Cultura; und es wurde in der Schule unterrichtet. 1750 richtete man eine Druckerei ein, aus der Werke aus allen Bereichen der Literatur und Wissenschaft hervorgingen.

Für die Vorbereitung der Renaixença war die Industrialisierung Kataloniens ein Faktum von größter Bedeutung. Während die Vertreibung der Morisken, die ein Drittel der Bevölkerung des Königreichs València ausmachten, den wirtschaftlichen Ruin des valenzianischen Bürgertums bedeuteten, führten im Fürstentum Katalonien die erhöhte landwirtschaftliche Produktion, die Vollbeschäftigung, die Erschließung neuer Märkte, die Freigabe des Handels mit Amerika (1778) und die Industrialisierung zu einem wirtschaftlichen Aufschwung, der im Gegensatz zur relativen Rückständigkeit des restlichen Spaniens stand. Die Industrialisierung wurde großenteils von den Handwerkern getragen, die dadurch zum Bürgertum aufstiegen. Da die Sprache der Handwerker und allgemein des Volks das Katalanische war, wurden erst durch den sozialen Aufstieg die Voraussetzungen zu einem neuen auch sprachlichen Selbstbewußtsein geschaffen. Das Bürgertum dieser Herkunft wurde im 19. Jahrhundert zur herrschenden Klasse in Katalonien. Daher ist die weitere Geschichte des Katalanischen nicht von der Geschichte des Bürgertums zu trennen.

Nur auf diesem wirtschaftlichen und sozialen Hintergrund ist die Renaixença zu verstehen. Die volkstümliche schriftsprachliche Tradition aber geriet in Vergessenheit oder sie wurde nicht mehr beachtet; man knüpfte im 19. Jahrhundert nur an die auf spanisch geführte Diskussion über katalanische Sprache und Literatur an. Die Decadència des Katalanischen zwischen dem 16. und dem 17. Jahrhundert bedeutet, wie wir gesehen haben, keine massive Aufgabe des Katalanischen als gesprochener Sprache, sondern nur, daß die „hohe" Literatur nicht mehr katalanisch geschrieben wurde. Als Bonaventura Carles Aribau (1798–1862) im Jahre 1833 seine Ode A la Pàtria „Ans Vaterland" veröffentlichte, die traditionell als der Beginn der Renaixença angesehen wird, war damit das Katalanische als Literatursprache wiedergeboren. Aber ohne eine lebendige gesprochene Sprache und eine wenn auch bescheidene schriftsprachliche Tradition wäre ein derart von Kastilianismen freies Katalanisch nicht möglich gewesen. Ein selbstbewußterer Schritt zur Schaffung einer neuen Literatur ist die Veröffentlichung (1841) von Gedichten unter dem Pseudonym Lo Gaiter del Llobregat „Der Dudelsackpfeifer vom Llobregat", von Joaquim Rubió i Ors (1818–1899). Die ganze literarische Bewegung mit ihrer Spiegelung an der mittelalterlichen Geschichte und Kunst fand ihren besten Ausdruck in der Wiedereinrichtung der Jocs Florals, der „Blumenspiele" (1859), mit denen das Katalanische wieder als dem Kastilischen gleichwertige Literatursprache eingeführt werden sollte. Mit den Jocs Florals sollten die katalanisch-okzitanischen Dichterwettkämpfe des Mittelalters wiederbelebt werden; die neuen katalanischen Dichter betrachteten sich selbst als Troubadoure und schrieben ein archaisierendes Katalanisch. Trotz eher dilettantischer literarischer Leistungen hatten die Jocs Florals eine große Bedeutung als gesellschaftliches Ereignis, bei dem ausschließlich katalanisch gesprochen wurde; und historisch gesehen geht die jetzige Schriftsprache auf die Literatur der Jocs Florals zurück. Ihr Höhepunkt war die Auszeichnung von L'Atlàntida, „Atlantis" (1877), eines epischen Gedichts des Priesters Jacint Verdaguer (1845–1902).

Die Renaixença im Valenzianischen Land war eine Auswirkung der Renaixença in Katalonien, obwohl sicherlich auch ohne diese eine neue, dann aber weniger mittelalterlich-romantisierende Literatur in València entstanden wäre. Das erste valenzianische Gedicht mit literarischem Anspruch veröffentlichte 1841 Tomàs Villaroya. Unter den bedeutenderen Dichtern begannen 1857 Teodor Llorente (1836–1911) und 1859 Vicent W. Querol (1836–1889) katalanisch zu schreiben; sie standen mit den Dichtern in Barcelona und mit den provenzalischen Dichtern in Verbindung. Die literarische Bewegung führte zur Gründung der Gesellschaft Lo Rat Penat, „Die Fledermaus" (1878), durch Constantí Llombart, die nach anfänglicher Verbindung von literarischem und politischem Valenzianismus bald apolitisch wurde. Ein Jahr nach Lo Rat Penat richtete man die valenzianischen Jocs Florals ein. Allerdings war der Valenzianismus nur eine Randerscheinung in der valenzianischen Gesellschaft.

Die Renaixença im Valenzianischen Land wurde von den Intellektuellen des neuen Bürgertums mit Landbesitz getragen, dessen Reichtum auf landwirtschaftlichem Export beruhte und das von der kastilischen Oligarchie abhing. Im 19. Jahrhundert fing das valenzianische Bürgertum aber auch an, vom Katalanischen zum Kastilischen überzugehen, um sich von den Handwerkern zu unterscheiden und sich dem Adel anzugleichen. Auf Mallorca, wo alle Gesellschaftsschichten katalanisch sprachen, hatte die Renaixença nicht die Bedeutung, die ihr in Katalonien und in València zukam.

Nach literarischen Anfängen politisierte sich der Katalanismus in zunehmendem Maße. Eigene, von Madrid unabhängige politische Parteien verschiedenster Richtungen werden in Katalonien gegründet, die sich vom „Regionalismus" zum Nationalismus radikalisierten. Dieser eher defensive Nationalismus einer unterdrückten Nation darf jedoch nicht mit dem Nationalismus der etablierten Nationalstaaten gleichgesetzt werden. Nach dem Verlust der letzten spanischen Kolonien (1898) intensivierten die katalanischen Parteien, die sich unter der Führung von Enric Prat de la Riba zusammenschlossen (1906), ihre Aktivitäten. 1906 fand ebenfalls der erste internationale Kongreß über die katalanische Sprache statt, der von seinen 3000 Teilnehmern als nationales Ereignis gefeiert wurde und außerhalb Spaniens die Probleme des Katalanischen bekannt machte. 1907 wurde die katalanische Akademie, das Institut d'Estudis Catalans, gegründet, dessen dringlichste Aufgabe die Normierung der Sprache war. Der erste größere Erfolg der Katalanisten aber war die Mancomunitat (1914), die „Vereinigung" der vier Provinzen, in die Katalonien (wie ganz Spanien) 1833 eingeteilt worden war. Die Diktatur des Generals Primo de Rivera (1923–1930) brachte einen Rückschlag; mit der Einrichtung der Generalitat de Catalunya (1931), die sich als Fortsetzung einer demokratischen Institution des katalanischen Mittelalters verstand, erhielt Katalonien ein Autonomiestatut. Das Katalanische wurde wieder offizielle Sprache, d. h. Sprache der Schule, des Parlaments, der Verwaltung, der Massenmedien, und zwar überwiegend, zum Teil sogar, wie im Parlament, ausschließlich.

Im Valenzianischen Land blieben die Parteien in der Abhängigkeit von den zentralistischen Parteien. Mehr noch, die Autonomiebewegung in Katalonien, die im Valenzianischen Land zunächst keinen Widerhall fand, zerstörte weiter das anfangs bestehende Bewußtsein von der sprachlichen Einheit, so daß die „valenzianische" Sprache nun noch stärker der „katalanischen" gegenübergestellt wurde. Erst vom Anfang des 20. Jahrhunderts an kann man von einem eigentlichen politischen Valenzianismus sprechen, der aber im Gegensatz zum Katalanismus minoritär blieb. Mit der Gründung valenzianischer Parteien von 1930 an wurden Autonomieforderungen erhoben; die Beziehungen zu Katalonien normalisierten sich. Das Autonomiestatut selbst kam jedoch, wie auch dasjenige von Mallorca, bis zum Spanischen Bürgerkrieg nicht über das Stadium eines Projekts hinaus.

Mit zunehmender Politisierung bekam in Katalonien die katalanische Kultur, insbesondere die Literatur und die Sprache, die zum Symbol des neuen Selbstbewußtseins wurde, eine stärkere Bedeutung, so daß sich immer dringender das Problem der Normierung der Sprache und als erster Schritt dazu die Regelung der Orthographie stellte; wegen der Vielfalt der regionalen Traditionen war die Orthographie zudem ein politisches Problem.

Zu Beginn der Renaixença war die Orthographie kastilianisiert und anachronistisch. Bei der Wiederherstellung der Sprachnorm gab es im 19. Jahrhundert zwei Tendenzen: Die traditionalistischen Dichter der Jocs Florals wählten ein an der mittelalterlichen Literatur orientiertes Katalanisch als Literatursprache. Die Verfechter des gesprochenen Katalanisch dagegen hatten als Grundlage ein orthographisch und grammatisch anarchisches, dazu noch kastilianisiertes Katalanisch. Die Reaktion auf beide Richtungen war die Kampagne in der Zeitschrift L'Avenç (um 1890), der eine entscheidende Bedeutung in der Diskussion und der Durchsetzung einer neuen Orthographie zukam. Der wichtigste Mann der Gruppe von L'Avenç war Pompeu Fabra (1868–1948), Ingenieur und als Grammatiker Autodidakt. Seine Orthographie ist das Ergebnis methodischer Arbeit und des sorgfältigen Studiums der mittelalterlichen und der modernen Sprache, der Dialekte, der Literatur- wie der Umgangssprache. In seiner Orthographiesynthese geht er von der Sprache Barcelonas aus. Die Rechtschreibregeln sind niedergelegt worden in den Normes ortogràfiques, die 1913 vom Institut d'Estudis Catalans als Normorthographie angenommen worden sind. Fabra hat folgende Kriterien bei der Aufstellung seiner orthographischen Normen eingehalten: a) Entkastilianisierung. Statt z. B. casas „Häuser" wurde cases geschrieben; ebenso wurden v und b nach internen katalanischen Regeln differenziert, d. h. man schrieb nicht mehr caball (vgl. span. caballo) „Pferd", sondern cavall. b) Die Etymologie bzw. die Herkunft aus dem Lateinischen. Fabra schreibt also quatre (lat. quattuor) „vier", dolç (lat. dulcis) „süß", humil (lat. humilis) „demütig", nicht cuatre, dols, umil. c) Die literarische Tradition, besonders des Mittelalters, z. B. bei cases, estimava „liebte", portant „tragend". d) Die tatsächliche Aussprache im ganzen katalanischen Sprachraum und die Mundarten, ein Kriterium, das in den Einzelheiten mit der Tradition meist zusammenfällt, denn Fabra bevorzugt Schreibungen, bei denen die mittelalterliche und die dialektale Form konvergieren (z. B. estimava, portant). e) Klarheit und Genauigkeit. Nach diesem Kriterium führt Fabra (im Gegensatz zum Spanischen) den Bindestrich ein zur Differenzierung z. B. von porti-n'hi „er soll etwas davon hinbringen", „bringen Sie (Sg.) etwas davon hin", und portin-hi „sie (Sie, Pl.) sollen hinbringen", sowie das Trema zur Kennzeichnung der silbischen Aussprache, z. B. deïtat „Gottheit", beneït „gesegnet". f) Übereinstimmung mit anderen Kultursprachen. So soll man nicht mehr heroych, sondern heroic schreiben, entsprechend span. heroico, it. eroico, frz. héroïque, nicht mehr sòlit, sondern sòlid entsprechend span. sólido, frz. solide usw.

Fabras Orthographie wurde erstaunlich schnell von Verlagen und Zeitschriften, von Schriftstellern und Gebildeten übernommen, was um so bemerkenswerter ist, als diese Annahme nicht erzwungen ist, wozu auch niemand die Macht gehabt hätte. In den dreißiger Jahren hatte diese Orthographie nicht nur in Katalonien, sondern auch im Valenzianischen Land, auf den Inseln und im Rosselló Geltung erlangt; bestimmte Abweichungen von der „katalanischen" Norm sind aber zulässig. Man hält sich in gedruckten Texten so genau an diese Normen, daß kein wirklicher Gegensatz zwischen präskriptiver Sprachnorm und Sprachgebrauch in diesem Bereich aufkommt (vgl. dagegen Text 3).

Auch die normative Grammatik (Gramàtica catalana, 1918) und das normative Wörterbuch (Diccionari general de la llengua catalana, 1932) sind das Werk Fabras. In der Grammatik, die im wesentlichen eine Morphologie enthält, werden auch regionale Varianten zugelassen. Im Wörterbuch wurde nicht nur im einzelnen die korrekte Schreibung jedes einzelnen Wortes festgelegt, sondern auch, welches Wort als katalanisch gelten kann. Der Wortschatz mußte also entkastilianisiert werden: Statt bueno „gut", sombra „Schatten", barco „Schiff", alcançar „(er)reichen", baix „unter" (wie span. bajo) heißt es nun bo (bon), ombra, vaixell, aconseguir (abastar u. a.), sota; die kastilischen Wörter wurden demnach durch Archaismen und Dialektalismen ersetzt. Es stellte sich ferner das Problem der Adaptation von Fremdwörtern: Da z. B. die Vokalqualität im Katalanischen wichtiger als die Betonung ist, hat man engl. football nicht als fútbol, sondern als futbol [fut'bɔl] adaptiert. Das Wörterbuch zeigt auch Offenheit für Neologismen, so z. B. gratacels „Wolkenkratzer", míting „Treffen". Die Wortdefinitionen werden nach sprachwissenschaftlich eindeutigen und kohärent durchgeführten Kriterien gegeben.

Das Katalanische ist jedoch nur als Schriftsprache zu einer Standardsprache geworden. Die überwiegende Mehrheit der Bevölkerung spricht weiterhin ein kastilianisiertes Katalanisch.

Die mit der Generalitat erreichte Normalisierung der Sprache wurde mit dem Sieg Francos im Spanischen Bürgerkrieg zunichte gemacht. Die kontinuierliche Entwicklung der katalanischen Schriftsprache und die Verbreitung ihrer Kenntnis in der gesamten Bevölkerung durch den Schulunterricht wurde unterbrochen, weil das Katalanische in der Schule, an den Universitäten, in den kulturellen Institutionen, im Rundfunk, im Zeitschriftenwesen, im Kino, im Theater verboten wurde. Sogar Bücher durften vor 1946 praktisch nicht veröffentlicht werden, und lange danach durften nur literarische Texte, vorzugsweise ältere und dann mit überholter Orthographie erscheinen. In der Öffentlichkeit manifestierte sich die katalanische Kultur nur noch als Folklore: in den sardanes, in religiöser Folklore. Von der Mitte der fünfziger Jahre an wurde die katalanische Kultur toleriert, soweit sie auf das Intellektuelle beschränkt blieb. Zwischen 1940 und 1960 gingen viele Schriftsteller allmählich vom Kastilischen zum Katalanischen über, so daß heute die meisten von ihnen, wenigstens in Katalonien, auf katalanisch veröffentlichen.

Das Katalanische wurde in seiner Substanz nicht nur durch die spanische Repression bedroht, in der die Katalanen als Besiegte behandelt wurden, sondern auch durch den nach dem Bürgerkrieg ständig wachsenden Zuzug. Durch die Zuwanderer wird das demographische und das sprachliche Gleichgewicht gestört; ihre soziale, kulturelle und sprachliche Assimilation verlangsamt sich.

Der heute erreichte Stand der sprachlichen Normalisierung ist das Ergebnis einer von allen Bevölkerungsschichten getragenen Protestbewegung. Diese Bewegung wurde in der Öffentlichkeit wirksam durch die in den fünfziger Jahren in Barcelona entstandene Nova Cançó Catalana, das „Neue Katalanische Lied", deren Exponent Ramon Pelejero aus Xàtiva unter dem Namen Raimon 1963 mit dem Kampflied Al vent! bekannt geworden ist.

Zum gegenwärtigen Zeitpunkt ist die Normalisierung recht weit fortgeschritten, vor allem seit dem Tode Francos (1975): Die Generalitat wurde provisorisch wiedereingerichtet. In Katalonien wurde im Oktober 1979 durch Referendum das Autonomiestatut angenommen. Am 20. März 1980 stimmten die Katalanen des Principat über die Zusammensetzung ihres Parlaments ab. Aus dieser Wahl gingen die Katalanisten als Sieger hervor: Von 135 Abgeordnetensitzen gewannen 43 Sitze der Nationalist Jordi Pujol mit seiner Partei Convergència i Unió (CiU) und 14 Sitze die Esquerra Republicana de Catalunya (ERC, Republikanische Linke Kataloniens). Präsident der Generalitat de Catalunya wurde Jordi Pujol, der den im Oktober 1977 provisorisch eingesetzten Präsidenten Josep Tarradellas ablöste.

Obwohl dem Valenzianischen Land und den Inseln bereits seit längerem ein Autonomiestatut zugestanden worden war, konnte in diesen beiden Regionen doch erst mit den allgemeinen Wahlen zu den Regionalparlamenten am 8. Mai 1983 über die Zusammensetzung auch ihrer Parlamente abgestimmt werden. Sowohl im Valenzianischen Land als auch auf den Inseln erhielten die Sozialisten (*PSOE*) die Mehrheit.

Sprachbeschreibung

Die Grundlage dieser kurzen Beschreibung des Katalanischen ist das Ostkatalanische, d. h. in der Hauptsache die Sprache von Barcelona. Eine Sprache dieses Typs wird von der Mehrheit der Katalanen gesprochen, und in dieser Sprache wird fast alles gedruckt, auch Werke von Mallorkinern und Valenzianern, da die Verlage häufig die Sprache der Autoren der offiziellen Sprachnorm angleichen oder die Autoren sich an die Norm halten. Diese Sprachnorm ist die Pompeu Fabras.

Zur Typologie

Nach dem typologischen Prinzip von E. Coseriu sind für die romanischen Sprachen Formen zu unterscheiden, die eine bestimmte Funktion im Satz einschließen (relationelle Funktionen), und solche, die keine bestimmte Funktion im Satz einschließen (nicht-relationelle Funktionen). Während im Lateinischen eine Wortform immer schon eine bestimmte Funktion im Satz hatte, d. h. relationell und nicht autonom war, werden in den romanischen Sprachen nicht-relationelle Funktionen durch Flexion und relationelle Funktionen durch Periphrasen ausgedrückt (s. Tabelle). Dieses Prinzip gilt, da die romanischen Sprachen nicht nur genetisch, sondern auch typologisch miteinander verwandt sind, auch für das Katalanische.

In einem knappen Überblick verteilen sich Formen mit einer Relation im Satz und Formen ohne eine solche Relation in folgender Weise:

	nicht-relationell = flektiert	relationell = periphrastisch
Nominalformen	Genus Numerus	Kasusfunktion Komparativ (beim Adjektiv)
Verbalformen	(einfache) Tempora (einfache) Modi	Passiv und sonstige periphrastische Formen

Zu den Nominalformen mit nicht-relationeller Funktion gehören der Numerus und die Genera Maskulinum und Femininum; das Neutrum ist keine Kategorie des Substantivs oder Adjektivs. Der im Deutschen meist nicht periphrastisch (sondern durch Flexionsformen) ausgedrückte Kasus ist im Katalanischen periphrastisch: Die syntaktische Funktion insbesondere des Subjekts und Objekts muß aus der Wortfolge hervorgehen, die dadurch relationelle Relevanz erhält; andere syntaktische Funktionen des Substantivs werden meist präpositional ausgedrückt. Der Komparativ ist periphrastisch: (el) més gran steht dem deutschen flektierten Komparativ und Superlativ „(der) größere, (der) größte" gegenüber.

Die katalanischen Verbalformen weisen eine stärkere Differenzierung auf als die deutschen. Den einfachen deutschen Tempora Präsens und Präteritum stehen die einfachen katalanischen Tempora Präsens, Futur, einfaches Perfekt, Konditional und z. T. Plusquamperfekt gegenüber. Die übrigen Tempusformen sowie das Passiv sind periphrastisch. Unter den Tempusperiphrasen ist die Periphrase des einfachen Perfekts vom Typ vaig cantar „ich sang" für das Katalanische charakteristisch. Die nicht wenigen Aspektperiphrasen haben im Deutschen keine funktionelle Entsprechung.

Die Relationselemente, Präpositionen und Konjunktionen, unterscheiden sich vom Deutschen zwar in Einzelheiten, aber nicht grundsätzlich.

Orthographie und Aussprache

Orthographische Zeichen

Akzente. Die katalanischen Wörter werden auf der letzten, vorletzten oder drittletzten Silbe betont. Keinen graphischen Akzent haben die auf der vorletzten Silbe betonten Wörter (die die Mehrzahl darstellen), wenn sie auf einen unbetonten Vokal auslauten, z. B. casa „Haus", avi „Großvater", cáure „fallen", ferro „Eisen", und wenn sie auf unbetonten Vokal + -s oder -en, -in auslauten, z. B. cases „Häuser", cauen „sie fallen", origen „Ursprung", cantin „sie singen (Konj.)". Dabei ist zu beachten, daß intervokalisches -i- und -u- konsonantischen Wert haben, z. B. queia ['kɛjə] „ich, er, sie, es fiel", cauen ['kawən], und daß betonter Vokal + i oder u einen fallenden Diphthong bilden, z. B. esglai [əz'glai] „Schrecken", blau [blau] „blau", estiu [əs'tiu] „Sommer". Auch die endbetonten Wörter haben keinen Akzent, wenn sie auf einen oder mehr Konsonanten auslauten wie in treball [trə'baʎ] „Arbeit", llibertat [ʎiber'tat] „Freiheit", govern [gu'bɛrn] „Regierung". In allen anderen Fällen wird ein Akzent gesetzt, und zwar werden i und u immer mit Akut, a immer mit Gravis und e, o bei offener Aussprache mit Gravis, bei geschlossener immer mit Akut geschrieben, z. B. bei Betonung auf der letzten Silbe: jardí [ʒər'ði] „Garten", comú [ku'mu] „gemeinsam", català [kətə'la], trobaré [trubə're] „ich werde finden", cafè [kə'fɛ] „Kaffee", cançó [kən'so] „Lied", però [pə'rɔ] „aber"; bei Betonung auf der vorletzten Silbe: bolígraf [bu'ligrəf] „Kugelschreiber", inútil [i'nutil] „unnütz", càstig ['kastik] „Strafe", néixer ['neʃə] „geboren werden", telèfon [tə'lɛfun] „Telefon", dipòsit [di'pɔzit] „Hinterlegung"; und bei Betonung auf der drittletzten Silbe: bústia ['bustiə] „Briefkasten", gràcia ['grasiə] „Dank", església [əz'gleziə] „Kirche", pèrdua ['pɛrðuə] „Verlust", còpia ['kɔpiə] „Kopie". Wichtig ist hierbei, daß unbetontes i, u nach Konsonant und vor Vokal keinen Diphthong bilden, so daß Wörter wie grà-ci-a oder pèr-du-a dreisilbig sind.

In allen anderen Fällen steht der Akzent als diakritisches Zeichen zur Vermeidung von Homographen, wie in mes „Monat" und més „mehr", deu „zehn" und Déu „Gott", net „sauber" und nét „Enkel", món „Welt" und mon „mein" (Mask.), mà „Hand" und ma „meine" (Fem.) usw.

Das *Trema* zeigt an, daß ein i̱ oder u̱ weder Teil eines Diphthongs noch Halbkonsonant, sondern einfacher Vokal ist; man vergleiche z. B. beneit [bə'neit] „bekloppt" und beneït [bənə'it] „gesegnet", ferner veïna [bə'inə] „Nachbarin", heroïna [əru'inə] „Heldin", diürn „Tages-". Das Trema wird nicht gesetzt, wenn sowieso ein Akzent stehen muß: veí [bə'i] „Nachbar", contribuíem „wir trugen bei" (aber contribuïa „ich trug bei"). Bei den Suffixen -isme, -ista (egoisme, egoista) und den Verbalendungen -ir, -int, den Präfixen co- und re- (z. B. coincidir „zusammenfallen", reunir „vereinigen") und einigen sonstigen Latinismen gilt diese Regel mit beabsichtigter Inkonsequenz nicht. Die steigenden Diphthonge ue, ui werden nach g, q immer üe, üi geschrieben: qüestió [kwəsti'o] „Frage", ambigüitat [əmbigwi'tat].

Der *Bindestrich* steht zwischen den Elementen bestimmter zusammengesetzter Wörter: sots-tinent „Leutnant", vint-i-dos „zweiundzwanzig"; die Norm beim Typ comptagotes „Tropfenzähler" und mata-rates „Rattengift" ist nicht kohärent und eindeutig fixiert, die Zusammenschreibung überwiegt aber. Der Bindestrich wird auch bei Verbalformen mit nachgestellten Personalpronomina verwendet, z. B. rentar-se „sich waschen" (siehe dazu die Personalpronomina, S. 62–66).

Der *Apostroph* findet beim Artikel (S. 56–57), der Präposition de (S. 96) und den Personalpronomina (S. 63–66) Verwendung.

Vokale

In betonten Silben kommen die Vokale [a], [ɛ], [e], [ɔ], [o], [i], [u] vor, in unbetonten jedoch nur [i], [u] und [ə]. Dieser Umstand bringt Schwierigkeiten für die Entsprechungen von Schreibung und Lautung bei unbetontem [u] und [ə] mit sich, denn [u] kann o̱ oder u̱, [ə] a̱ oder e̱ geschrieben werden.

a̱ wird in betonten Silben [a], in unbetonten Silben [ə] ausgesprochen. Beispiele für betontes a̱: pa „Brot", costat [kus'tat] „Seite", fàcil ['fasił] „leicht"; für unbetontes a̱: dia ['diə] „Tag", estació [əstəsi'o] „Bahnhof", paraula [pə'raulə] „Wort". Das erste Element bei Wortzusammensetzungen behält einen Nebenton und damit die volle Aussprache [a], z. B. guarda-roba [ˌgwardə'rrɔbə] „Kleiderschrank".

e̱ kann unter dem Ton die Aussprache [e] oder [ɛ] haben, was aber nur selten mit Akzenten gekennzeichnet wird (s. o.) und daher eine besondere Schwierigkeit für Ausländer darstellt. Das e̱ entspricht einem [e] in fet „Tatsache", Déu „Gott", sempre „immer", dolent [du'len] „schlecht", perruquer [pərru'ke] „Friseur"; einem [ɛ] in ple „voll", te „Tee", peu „Fuß", cel „Himmel", espès „dicht", „dick", exèrcit [əg'zɛrsit] „Heer". Die volle Aussprache bleibt in Zusammensetzungen erhalten. Unbetont wird e̱ immer [ə] ausgesprochen: dubte ['duptə] „Zweifel", telegrama [tələ'gramə]. Eine

45

Besonderheit ist, daß unbetontes e vor a als [e] ausgesprochen wird: teatre [te'atrə] „Theater", reacció [rreəksi'o] „Reaktion".

o: Dieselbe Schwierigkeit der orthographisch meist nicht gekennzeichneten offenen oder geschlossenen Aussprache wie bei e besteht bei o. [o] erscheint in no „nein", colze ['koɫzə] „Ellbogen", carbó [kər'bo] „Kohle", són „sie sind"; [ɔ] in bo „gut", arròs „Reis", història „Geschichte". In Wortzusammensetzungen bleibt nebentoniges [o] oder [ɔ]: portamonedes [ˌpɔrtəmu'nɛdəs] „Portemonnaie". Unbetont ist o immer [u]: canto „ich singe", forner [fur'ne] „Bäcker".

i und u haben als Vokale immer die Aussprache [i] und [u]: universitat [unibərsi'tat], únic „einzig"; und auch wenn sie einen Diphthong bilden: clau „Schlüssel", servei [sər'bɛi] „Dienst", neu [neu] „Schnee". Zur Aussprache von i und u als [j] und [w] und weitere Bemerkungen siehe oben den Abschnitt über die Akzente und das Trema sowie weiter unten die Abschnitte über g und x.

Für die Diphthonge gelten im wesentlichen die allgemeinen Ausspracheregeln, z. B. betont eina ['ɛinə] „(ein) Werkzeug" und unbetont einam [əi'nam] „Werkzeug" (Kollektiv).

Konsonanten

Zu den Besonderheiten der Orthographie gehören c^{e,i}/ç [s], g^{e,i}/j [ʒ], -ig [tʃ], l.l [ll] (mit „punt volat"), ll [λ], tll [λλ], ny [ɲ], tg/tj [ddʒ], tz [ddz], x/ix [ʃ], tx [tʃ] / [ttʃ]. Die entsprechenden Laute bieten zumeist auch Ausspracheschwierigkeiten für Deutsche, so ebenfalls b, d, g, als [b], [d], [g] zwischen Vokalen und in bestimmten Konsonantenverbindungen. [p], [t], [k] dürfen nicht aspiriert werden.

Hier zunächst eine Übersicht über Schreibung und Aussprache:

Buchstabe oder Buchstaben- kombination	Name des Buchstabens	Aussprache		
		Anlaut	Inlaut	Auslaut
h	hac	–	–	–
f	efa	[f]	[f]	[f]
p	pe	[p]	[p]	[p], ø
b	be (alta)	[b]	[b], [b]	[p], ø
bl		–	[bbl]	–
v	ve baixa)	[b]	[b]	–
t	te	[t]	[t]	[t], ø

Buchstabe oder Buchstaben-kombination	Name des Buchstabens	Aussprache		
		Anlaut	Inlaut	Auslaut
d	de	[d]	[d], [d]	[t], ø
c	ce	[k], c$^{e, i}$ = [s]	[k], c$^{e, i}$ = [s]	[k], ø
cl		–	[kkl]	–
ç	ce trencada	–	[s]	[s]
g	ge	[g], g$^{e, i}$ = [ʒ]	[g], [g], g$^{e, i}$ = [ʒ]	[k], [tʃ], ø
gl		–	[ggl]	–
j	jota	[ʒ]	[ʒ]	–
s	essa	[s]	[s], [z]	[s]
z	zeta	[z]	[z]	–
x	[ʃ] = xeix, [ks] = ics	[ʃ], [ks] –	[ʃ], [ks], [s], [gz]	[ʃ], [ks] –
m	ema	[m]	[m]	[m]
n	ena	[n]	[n], [ŋ], [m]	[n]
qu	cu	[k], [kw]	[k], [kw]	–
r	erra	[rr]	[rr], [r]	ø, [r]
l	ela	[l]	[l-], [-ł]	[ł]
l.l		–	[ll]	–
ll		[ʎ]	[ʎ]	[ʎ]
tll		–	[ʎʎ]	–
ny		[ɲ]	[ɲ]	[ɲ]
tz		–	[ddz]	–
tg$^{e, i}$, tj$^{a, o, u}$		–	[ddʒ]	–
tx		[tʃ]	[tʃ]	[tʃ]

h wird nicht gesprochen: <u>home</u> ['ɔmə] „Mann", „Mensch", <u>prohibir</u> [prui'bi] „verbieten", <u>Reixach</u> (Familienname) [rrə'ʃak].

f ist immer [f]: <u>full</u> [fuλ] „Blatt", <u>triomf</u> [tri'omf] „Triumph".

p: Die Aussprache ist [p]: <u>paper</u> [pə'pe] „Papier", <u>cap</u> „Kopf". Nach <u>m</u> wird <u>p</u> nicht gesprochen: <u>temps</u> [tems] „Zeit". Vor stimmhaftem Konsonanten wird <u>p</u> [b] gesprochen: <u>capgirar</u> [kəbʒi'ra] „umstürzen" usw.

b: Im Anlaut und meist im Silbenanlaut ist <u>b</u> [b]: <u>boca</u> ['bokə] „Mund", <u>també</u> [təm'be] „auch"; intervokalisch, nach <u>l</u>, <u>r</u>, <u>s</u> und vor <u>r</u>, <u>s</u> dagegen [b]: <u>sabó</u> [sə'bo] „Seife", <u>alba</u> ['ałbə] „Morgendämmerung", <u>corbata</u> [kur'batə] „Krawatte", <u>bisbe</u>

47

['bizbə] „Bischof", oblit [u'blit] „Vergessen"; und im Auslaut [p]: adob [ə'ðop] „Zubereitung". Der Nexus bl wird in bestimmten Wörtern [bbl] gesprochen, z. B. in poble ['pɔbblə] „Volk", so auch in públic „öffentlich", feble ['febblə] „schwach", feblesa „Schwäche", possible „möglich", probable „wahrscheinlich" u. a. Das b wird im Wortauslaut nach m nicht gesprochen: tomb [tom] „Wendung".

v wird wie b ausgesprochen: vi [bi] „Wein", tramvia [trəm'biə] „Straßenbahn", servir [sər'bi] „dienen", favor [fə'bo] „Gefallen".

t ist fast immer [t]: trist „traurig". Das t spricht man im Silbenauslaut nach l, n nicht aus: alt [al] „hoch", molt [mol] „sehr", font [fon] „Quelle", evident [əbi'ðen] „offensichtlich", aber auch evidentment [əbi,ðen'men] „offensichtlich" (Adv.). Die Konsonantengruppe rts lautet [rs]: dimarts [di'mars] „Dienstag". Im Nexus t + Frikativ oder Nasal findet Assimilation zum Frikativ oder Nasal statt: setmana [səm'manə] „Woche", cotna ['konnə] „Schwarte". Siehe auch tz und tll.

d entspricht [d] im Anlaut, auch Silbenanlaut: deixar [də'ʃa] „lassen", prendre ['pɛndrə] „nehmen"; intervokalisch, im Silbenanlaut nach r, s und vor r entspricht es [ð]: vida ['biðə] „Leben", tarda ['tarðə] „Nachmittag", esdevenir [əzðəbə'ni] „werden", pedra ['peðrə] „Stein". Im Wortauslaut wird d als [t] ausgesprochen: fred [frɛt] „kalt", verd [bɛrt] „grün"; ebenso vor stimmlosem Konsonanten: adquirir [ətki'ri] „erwerben". Nach n, l in derselben Silbe wird d nicht gesprochen: fecund [fə'kun] „fruchtbar", herald [ə'ral] „Herold"; auch nicht im Nexus rds: sords [sors] „taub" (Pl.), perds [pɛrs] „du verlierst".

c gefolgt von e, i hat den Wert [s]: cel [sɛl] „Himmel", ciutat [siu'tat] „Stadt", funció [funsi'o] „Funktion". In den übrigen Fällen ist es [k]: cosa ['kɔzə] „Sache", cama ['kamə] „Bein", balcó [bəl'ko] „Balkon", crit [krit] „Schrei". Die Aussprache von cl ist [kkl], aber nur nach betontem Vokal: miracle [mi'rakklə] „Wunder". Im Auslaut lautet der Nexus -nc [ŋ]: blanc [blaŋ] „weiß", cinc [siŋ] „fünf". Vor stimmhaftem Konsonanten wird c zu [g] assimiliert: anècdota [ə'nɛgdutə] „Anekdote".

ç ist immer [s]: caçar [kə'sa] „jagen", braç [bras] „Arm"; mit Assimilation: feliçment [fə,liz'men] „glücklicherweise".

g gefolgt von e, i spricht man im Silbenanlaut als [ʒ]: gener [ʒə'ne] „Januar", gibrell [ʒi'breʎ] „Schüssel", targeta [tər'ʒetə] „Karte", vigilar [biʒi'la] „aufpassen". Sonst entspricht g im Silbenanlaut einem [g] und nach Vokal oder l, r, s sowie vor l, r einem [g]: gàbia ['gabiə] „Käfig", gos [gos] „Hund", groc [grɔk] „gelb"; agafar [əgə'fa] „ergreifen", algú [əl'gu] „jemand", cargol [kər'gɔl] „Schnecke", església [əz'gleziə] „Kirche"; ègloga ['ɛglugə] „Ekloge", vinagre [bi'nagrə] „Essig". Nach betontem Vokal spricht man gl jedoch [ggl]: regla ['rregglə] „Regel", segle ['segglə] „Jahrhundert". Im Auslaut ist es [k]: amarg [ə'mark] „bitter", anàleg [ə'nalək] „analog". Dagegen ist die Aussprache von -ig [tʃ]: desig [də'zitʃ] „Verlangen", lleig [ʎetʃ] „häßlich", raig [rratʃ] „Strahl", roig [rrɔtʃ] „rot". (Die entsprechenden Wörter alternieren in anderen Formen

48

mit [ʒ] oder [ddʒ].) Der Nexus g̲u̲ hat die Aussprache [g] / [g] vor e̲, i̲: g̲uerra ['gɛrrə] „Krieg", g̲uix [giʃ] „Kreide, Gips", ag̲uila ['agilə] „Adler"; und die Aussprache [gw] / [gw] vor a̲: g̲uant [gwan] „Handschuh", aig̲ua ['aigwə] „Wasser", lleng̲ua ['λeŋgwə] „Zunge", „Sprache". Der Nexus -ng̲ lautet [ŋ]: sang̲ [saŋ] „Blut". Siehe tg̲.

s̲ ist [s] im Silbenan- und -auslaut: sa̲stre ['sastrə] „Schneider", co̲s [kɔs] „Körper"; und intervokalisch [z]: ca̲sa ['kazə] „Haus", pè̲sol ['pɛzuł] „Erbse". Wenn intervokalisch [s] gesprochen werden soll, dann schreibt man -s̲s̲-: to̲ssir [tu'si] „husten", pi̲ssarra [pi'sarrə] „Schiefer", „Tafel". Vor stimmhaftem Konsonanten wird s̲ zu [z] assimiliert: di̲sbarat [dizbə'rat] „Dummheit".

z̲ ist immer [z]: z̲ero ['zɛru] „Null", sen̲zill [sən'ziλ] „einfach". Siehe auch tz̲.

x̲ ist in erbwörtlichen katalanischen Wörtern und Gallizismen in allen Positionen [ʃ]; nach Vokal (außer i̲) wird i̲x geschrieben: x̲ic [ʃik] „Junge", x̲iular [ʃiu'la] „pfeifen", conèi̲xer [ku'nɛʃə] „kennen", dibui̲x [di'buʃ] „Zeichnung", pei̲x [peʃ] „Fisch"; marx̲ar [mər'ʃa] „marschieren" usw., x̲ampany [ʃəm'paɲ] „Champagner". In Latinismen wird x̲ meist [ks] gesprochen: x̲enofòbia [ksənu'fɔbiə] „Fremdenhaß", axi̲oma [əksi'omə], text [tekst], fi̲x [fiks] „fest"; seltener [gz]: examen [əg'zamən] „Prüfung", exemple [əg'zemplə] „Beispiel". Vor Konsonant sind bei ex̲- [ks] und [s] möglich: ex̲plicar [əspli'ka] / [əkspli'ka] „erklären", „erzählen"; [s] ist in diesem Fall aber üblicher. S. tx̲.

j̲ ist immer [ʒ]: jo̲c [ʒɔk] „Spiel", envej̲a [əm'bɛʒə] „Neid". Siehe tj̲.

m̲ ist [m]: ma̲re ['marə] „Mutter", volum̲ [bu'lum] „Band".

n̲ ist [n]: n̲ovel.la [nu'bɛllə] „Roman", forn̲ [forn] „Ofen". Vor f̲ und v̲ wird n̲ etwa wie [m] gesprochen: in̲fern [im'fɛrn] „Hölle", can̲vi ['kambi] „Veränderung". Vor [k], [g] wird n̲ [ŋ] ausgesprochen: encàrrec [əŋ'karrək] „Auftrag", engreixar [əŋgrə'ʃa] „fett machen". Siehe ny̲.

q̲u̲ spricht sich [k] vor e̲, i̲ und [kw] vor a̲, o̲: q̲uedar [kə'ða] „bleiben", q̲uilo ['kilu] „Kilo", q̲uadre ['kwaðrə] „Bild". Siehe auch den Abschnitt zum Trema.

r̲ wird im Wort- und im Silbenanlaut nach Konsonant als linguales [rr] gesprochen: ro̲sa ['rrɔzə] „Rose", somr̲iure [sum'rriurə] „lächeln"; dieses [rr] wird intervokalisch -r̲r̲- geschrieben: te̲rra ['tɛrrə] „Erde", „Land". Intervokalisches -r̲- ist [r]: pe̲ra ['pɛrə] „Birne"; und ebenso im Auslaut bei einigen Wörtern: amor̲ [ə'mor] „Liebe", acer̲ [ə'ser] „Stahl", enter̲ [ən'ter] „ganz", or̲ [ɔr] „Gold". In den meisten Fällen wird aber auslautendes -r̲ nicht gesprochen: ahir̲ [ə'i] „gestern", plor̲ [plɔ] „Träne", por̲ [po] „Angst", segur̲ [sə'gu] „sicher"; und überhaupt in Infinitivendungen und Suffixen (-ar̲, -er̲, -or̲, -dor̲ usw.): visitar̲ [bizi'ta] „besuchen", sentir̲ [sən'ti] „fühlen", pinar̲ [pi'na] „Pinienwald", forner̲ [fur'ne] „Bäcker", fredor̲ [frə'ðo] „Kälte", treballador̲ [trəbəλə'ðo] „Arbeiter".

l̲ ist im Silbenanlaut [l] (auch nach Konsonant): l̲ent [len] „langsam", ompl̲ir [um'pli] „füllen"; und im Silbenauslaut velares [ł]: escalfar̲ [əskəł'fa] „heizen", pè̲l [pɛł] „Haar", pernil̲ [pər'nił] „Schinken". Siehe l̲.l̲, ll̲, tll̲.

l.l entspricht [ll] und erscheint intervokalisch bes. in Latinismen: il.luminar [illumi'na] „beleuchten", tranquil.litat [trəŋkilli'tat] „Ruhe".

ll, tll. Die Aussprache von ll ist regelmäßig [λ]: llista ['λistə] „Liste", dilluns [di'λuns] „Dienstag", soroll [su'roλ] „Geräusch". Die Aussprache [lj] ist zu vermeiden. Der Nexus tll kommt nur intervokalisch vor und lautet [λλ]: ametlla [ə'mɛλλə] „Mandel", ratlla ['rraλλə] „Linie", „Zeile".

ny ist immer [ɲ]: nyanyo ['ɲaɲu] „Beule (am Kopf)", conyat [ku'ɲat] „Schwager", bany [baɲ] „Bad".

tz kommt intervokalisch vor und hat die Aussprache [ddz]: dotze ['doddzə] „zwölf", organitzar [urgənid'dza] „organisieren".

tg, tj kommen nur intervokalisch vor und haben die Aussprache [ddʒ]. Vor e, i schreibt man tg, vor a, o, u dagegen tj: jutge ['ʒuddʒə] „Richter", jutjar [ʒud'dʒa] „urteilen", pitjor [pid'dʒo] „schlimmer", viatge [bi'addʒə] „Reise".

tx ist im An- und Auslaut [tʃ], intervokalisch [ttʃ]: txec [tʃɛk] „Tscheche", despatx [dəs'patʃ] „Büro", cotxe ['kottʃə] „Auto", totxo ['tɔttʃu] „dumm" usw.

Zur Morphonologie siehe die Femininum- und Pluralbildung des Substantivs und des Adjektivs (S. 57–60), die Morphologie des Verbs und die Wortbildung.

Satzphonetik

Die Aussprache der Wörter war bisher so angegeben worden, wie sie bei ihrem isolierten Vorkommen lautet. Die phonetischen Einheiten des Katalanischen sind aber nicht Wörter, sondern Wortgruppen. Die Silbengrenzen fallen dabei nicht unbedingt mit den Wortgrenzen wie im Deutschen zusammen: Man sagt un home [u'nɔ-mə] „ein Mann", cap home [ka-'pɔmə] „kein Mann" und sogar no ho ha fet [no w-a'fet] „er hat es nicht getan" wie cauen ['kawən] (entsprechendes gilt für -i- in der Wortgruppe, das [j] gesprochen wird).

Wenn an der Wortgrenze [ə] und ein anderer Vokal (außer [i] und [u]) zusammentreffen, dann wird [ə] elidiert: menjar el pa [məɲ'ʒa ł 'pa] „das Brot essen", no el conec [no-ł ku'nɛk] „ich kenne ihn nicht". Gleichfalls wird nur ein Vokal gesprochen, wenn zwei gleichlautende zusammentreffen: buscar aigua [bus'ka igwə] „Wasser holen". Diese satzphonetisch bedingte Elision wird nicht durch Apostroph gekennzeichnet.

Innerhalb der Wortgruppe werden b, d, g wie im Wortinlaut behandelt, d. h. diese Buchstaben werden intervokalisch und in bestimmter konsonantischer Umgebung (s. o. bei den einzelnen Buchstaben) [b], [d], [g] gesprochen, z. B. la vaca [lə 'bakə] „die Kuh", els grans [əłz 'grans] „die großen", la dent [lə 'den] „der Zahn", els dissabtes [əłz di'saptəs] „sonnabends".

Im Wortauslaut werden [p], [t], [k], [f], [s], [ts], [ʃ], [tʃ] vor einem stimmhaften Konsonanten sonorisiert: <u>cap dona</u> ['kab 'dɔnə] „keine Frau", <u>un petit gos</u> [um peˌtidˈgos] „ein kleiner Hund", <u>tots dos</u> [todz 'dos] „alle beide", <u>veig la Maria</u> ['bɛdʒ lə məˈriə] „ich sehe Maria". Zusätzlich werden [s], [ts], [ʃ], [tʃ] vor Vokal zu [z], [ddz], [ʒ], [ddʒ] sonorisiert: <u>hores i hores</u> ['ɔrəz i 'ɔrəs] „Stunden und Stunden", <u>calç i guix</u> ['kałz iˈgiʃ] „Kalk und Gips", <u>tots els altres</u> [toddz əłz 'ałtrəs] „alle andern", <u>peix i carn</u> ['peʒ i 'karn] „Fisch und Fleisch", <u>veig algú</u> [ˌbɛddʒ əł'gu] „ich sehe jemanden".

Vor Labialen wird <u>n</u> [m] gesprochen: <u>són barris nous</u> [som ˌbarriz 'nɔus] „es sind neue Stadtviertel"; und vor Velaren wird <u>n</u> [ŋ] ausgesprochen: <u>un camí</u> [uŋ kə'mi] „ein Weg". Das Ausmaß der Assimilation hängt unter anderem von der Sprechgeschwindigkeit ab. Die Assimilation kann bei langsamem Vortrag weniger weit gehen, als oben dargestellt, sie geht bei erhöhter Sprechgeschwindigkeit aber sehr viel weiter, z. B. <u>tot ple</u> [top'plɛ] „ganz voll", <u>tot calent</u> [tokkə'len] „ganz heiß", <u>tot menut</u> [tommə'nut] „ganz klein", <u>aquest noi</u> [əkɛn'nɔi] „dieser Junge", <u>tot l'espai</u> [tolləs'pai] „der ganze Raum" usw. Die Elision von Vokalen geht bei erhöhter Sprechgeschwindigkeit ebenfalls weiter: <u>no sé què ha dit</u> [no 'se k-a 'dit] statt [no 'se 'kɛ a 'dit] „ich weiß nicht, was er gesagt hat", <u>la història explicada</u> [l is,tɔri spli'kaðə] statt [lə is,tɔri əspli'kaðə] „die erzählte Geschichte". Aus diesen Beispielen ist zu ersehen, daß die Reduktionen die Wortgrenzen betreffen, nicht das Wortinnere.

Die für das Katalanische sehr charakteristische Satzphonetik ist bis jetzt kaum untersucht worden und daher in ihrer starken Differenziertheit so gut wie unerforscht.

Phonologie

Vokale

Das katalanische Vokalsystem ist dreieckig und vierstufig und unterscheidet außer bei /a/ vordere und hintere Vokale:

$$/i/ \qquad /u/$$
$$/e/ \qquad /o/$$
$$/\varepsilon/ \quad /\mathupsilon/$$
$$/a/$$

Daß diese sieben Vokale sich funktionell unterscheiden, ist mit den folgenden Wörtern zu belegen, deren distinktives Element jeweils der Vokal ist: sic /sik/ „sic", cec /sek/ „blind" und séc /sek/ „Falte", sec /sɛk/ „ich sitze", sac /sak/ „Sack", soc /sɔk/ „Holzschuh", sóc /sok/ „ich bin", suc /suk/ „Saft". Ein besonderes Problem ist die Opposition geschlossen/offen bei /ɛ/ / /e/ und /ɔ/ / /o/. Das offene Phonem scheint das geschlossene Phonem vertreten zu können, da der Name für die Buchstaben e und o [ɛ] und [ɔ] gesprochen wird; es erscheint ebenfalls in der Aussprache des Lateins, in Kastilianismen, in Fremdwörtern und generell in Zweifelsfällen. Graphisch wird auch eher die geschlossene Aussprache durch einen Akzent markiert als die offene Aussprache. Dennoch ist dieser phonologische Unterschied fester Bestandteil des Vokalsystems; hierzu einige minimale Paare, für /ɛ/ / /e/: deu /dɛu/ „zehn" / déu /deu/ „Gott", te /tɛ/ „Tee" / té /te/ „er hat", venen /'bɛnən/ „sie verkaufen" / vénen /'benən/ „sie kommen"; und einige minimale Paare für /ɔ/ / /o/: os /ɔs/ „Knochen" / ós /os/ „Bär", dona /'dɔnə/ „Frau" / dóna /'donə/ „er gibt", son /sɔn/ „Schlaf" / són /son/ „sie sind". Kontrovers ist der phonematische Status von [ə], das einerseits als Allophon von /a/, /ɛ/ und /e/ gilt (E. Alarcos Llorach), andererseits als Phonem (A. M. Badia Margarit), da eine Reihe von einsilbigen Wörtern aufgrund von /ə/ in Opposition zueinander stünden, z. B. que /kə/ „daß" / què /kɛ/ „was", pal dret /pal 'drɛt/ „gerader Pfahl" / pel dret /pəl 'drɛt/ „geradeaus". Dagegen funktioniert /u/ als Archiphonem von /ɔ/, /o/, /u/: Diese drei Phoneme werden, wenn sie nicht betont sind, als [u] realisiert, z. B. in por /po/ „Angst" – poruc /pu'ruk/ „ängstlich".

Die mit [i] und [u] gebildeten Diphthonge bestehen offenbar aus zwei Phonemen. Sollte diese Annahme richtig sein, dann werden die Phoneme /i/ und /u/ je nach lautlicher Umgebung durch verschiedene Allophone realisiert, vor allem [i], [j] bzw. [u], [w]. Die Frage der phonematischen Analyse der Diphthonge ist aber nicht endgültig geklärt.

Konsonanten

Das Katalanische hat A. M. Badia Margarit zufolge 23 konsonantische Phoneme, die sich nach Artikulationsstelle und Artikulationsart in folgender Weise zu einem System ordnen lassen:

	Labiale	Dentale	Palatale	Velare
Interruptae (Okklusive und Affrikaten) stimmlos	/p/	/t/	/tʃ/	/k/
stimmhaft	–	/dz/	/dʒ/	–
Okklusive (auch als Frikative realisiert, stimmhaft)	/b/	/d/	–	/g/
Frikative und Zischlaute, stimmlos	/f/	/s/	/ʃ/	–
stimmhaft	–	/z/	/ʒ/	–
Continuae (stimmhaft)	–	–	/j/	/w/
Nasale (stimmhaft)	/m/	/n/	/ɲ/	–
Liquidae (stimmhaft) Laterale	–	/l/	/ʎ/	–
Vibranten	–	/r/, /rr/	–	–

Im Unterschied zu Badia nimmt E. Alarcos Llorach 18 konsonantische Phoneme an, denn für ihn sind [tʃ], [dz] und [dʒ] Kombinationen der Phoneme /t/ + /ʃ/, /d/ + /z/ und /d/ + /ʒ/. Ferner sieht Alarcos [j] und [w] nicht als Phoneme an. Wegen dieser Interpretationsunterschiede führe ich einige von den Beispielen an, mit denen Badia die entsprechenden Oppositionen belegt:

/t/ / /tʃ/: botí „Beute" / botxí „Henker";
/z/ / /dz/: guisa „er bereitet zu" / guitza „Ausschlagen (des Pferds)";
/ʒ/ / /dʒ/: assajar „versuchen" / assetjar „belagern";
/dz/ / /dʒ/: sutze „schmutzig" / sutge „Ruß";
/w/ / /k/: peuet „Füßchen" / paquet „Paket"
/j/ / /ɲ/: reia „er lachte" / renya „er schimpft";
/j/ / /w/: deien „sie sagten" / deuen „sie müssen".

Für das Katalanische charakteristisch ist die Neutralisierung der Opposition stimmlos/stimmhaft im Wortauslaut, ähnlich wie im Deutschen. Das stimmlose Phonem ist das Archiphonem der jeweiligen Opposition. Daß hier eine Neutralisierung stattgefunden hat, läßt sich meist nur aus der Morphonologie ersehen, da die Orthographie sie verdeckt. Beispiele sind:

/p/ / /b/: cap „Kopf", vgl. capet „Köpfchen", und cap „er hat Platz", von caber;
/t/ / /d/: pot „Topf", vgl. potet „Töpfchen", und pot „er kann", von poder;
/k/ / /g/: ric „reich", vgl. fem. rica, und ric „ich lache", vgl. (ell) rigué „er lachte";
/s/ / /z/: (jo) fos „ich wäre", vgl. fóssim „wir wären", und fos „geschmolzen" (von fondre), vgl. fem. fosa;
/tʃ/ / /dʒ/ und /ʒ/: esquitx „Spritzer", vgl. esquitxar „spritzen", und mig „halb", vgl. fem. mitja sowie roig „rot", vgl. fem. roja.

Akzent

Die Bemerkungen zum Akzent beziehen sich nur auf den Wortakzent. Zum Satzakzent sowie zur Intonation und zur Silbenstruktur liegen noch keine Untersuchungen vor, auf die man sich stützen könnte.

Ein Hinweis auf die Silben, die betont sein können, und einige Beispiele dazu sind beim orthographischen Akzent gegeben worden. Der Akzent manifestiert sich als relative Tonstärke und als Qualität des Vokals einer Silbe; denn die phonologische Rolle des Akzents zeigt sich gerade daran, daß nur unter dem Akzent (bzw. dem Nebenakzent) die betonten Vokale /a/, /ɛ/, /e/, /i/, /ɔ/, /o/, /u/ erscheinen können. Wenn innerhalb eines Paradigmas der Akzent wechselt, dann werden /a/, /ɛ/, /e/ zu /ə/

abgeschwächt und /ɔ/, /o/, /u/ zu /u/, z. B. beim Verb im Paradigma des Präsens:

<u>mano</u> /'manu/ „ich befehle" – <u>manem</u> /mə'nɛm/ „wir befehlen";
<u>menjo</u> /'menʒu/ „ich esse" – <u>mengem</u> /mən'ʒɛm/ „wir essen";
<u>dono</u> /'donu/ „ich gebe" – <u>donem</u> /du'nɛm/ „wir geben";
<u>jugo</u> /'ʒugu/ „ich spiele" – <u>juguem</u> /zu'gɛm/ „wir spielen";
<u>fico</u> /'fiku/ „ich stecke" – <u>fiquem</u> /fi'kɛm/ „wir stecken".

Nicht anders verhält es sich in den Paradigmen der Wortbildung:

<u>mà</u> /ma/ „Hand" – <u>maneta</u> /mə'nɛtə/ „Händchen";
<u>os</u> /ɔs/ „Knochen" – <u>ossam</u> /u'sam/ „Gebein".

Diese Vokalreduktion tritt dagegen nicht ein in Fällen wie <u>teatre</u>, <u>reacció</u> (s. S. 00).
Nicht nur unter dem Akzent, sondern auch unter dem Nebenakzent bleiben die vollen Vokale erhalten. Dieser Nebenakzent erscheint bei mit <u>-ment</u> gebildeten Adverben, z. B. <u>ràpid</u> /'rrapit/ – <u>rapidament</u> /ˌrrapidə'men/ „schnell", und in Wortzusammensetzungen, z. B. <u>gratacels</u> /ˌgratə'sɛls/ „Wolkenkratzer", und in Wörtern, die mit bestimmten Präfixen und bestimmten Kompositionselementen gebildet sind, die nicht als freie Formen auftreten, d. h. Wörter, die mit <u>anti-</u>, <u>arxi-</u>, <u>circum-</u>, <u>ex-</u>, <u>inter-</u>, <u>meta-</u>, <u>post-</u>, <u>paleo-</u>, <u>pseudo-</u>, <u>semi-</u>, <u>sots-</u> usw. gebildet sind, z. B. <u>ex-president</u> /ˌɛksprəzi'den/, <u>paleolític</u> /pəˌleu'litik/ „paläolithisch", <u>post-palatal</u> /ˌpospələ'tal/, <u>pseudo-profeta</u> /ˌpseudupru'fɛtə/ „Pseudoprophet", <u>semicercle</u> /ˌsɛmi 'serklə/ „Halbkreis".

Eine Reihe von Wörtern, die grammatische Instrumente sind, haben keinen Akzent, so der Artikel: <u>la mà</u> /lə 'ma/ „die Hand"; die Präpositionen <u>a</u> „in", „auf", <u>amb</u> „mit", <u>de</u> „von", <u>en</u> „in" und <u>per</u> „durch", „wegen", z. B. in <u>a la mà</u> /ə lə 'ma/ „in der Hand"; die unbetonten Pronomina, z. B. in <u>donar-nos-en</u> /du'narnuzən/ „uns davon geben"; <u>i</u> „und"; <u>que</u> /kə/ „daß" (und Relativpronomen) und einige andere.

Morphosyntax

Nominalsystem

Artikel

Der Artikel hat als Mittel der Aktualisierung des Substantivs dieselben Kategorien wie das Substantiv, als Genera Maskulinum und Femininum, als Numeri Singular und Plural. Die Form des bestimmten Artikels im Singular ist beim Maskulinum el, beim Femininum la, für beide Genera vor Vokal oder h- l'. Jedoch bleibt im Femininum vor unbetontem i- und u- die volle Form erhalten: z. B. la idea „die Vorstellung", la unitat „die Einheit". Im Plural ist der bestimmte Artikel des Maskulinums immer els, der des Femininums immer les. Beispiele:

el déu „der Gott"
els déus „die Götter"

l'amic „der Freund"
els amics „die Freunde"

la porta „die Tür"
les portes „die Türen"

l'aigua „das Wasser"
les aigües „die Gewässer"

Bei vielen Substantiven ist das Genus nur auf der Ebene der Wortgruppe feststellbar; in diesen Fällen zeigt der Artikel das Genus an:

el son „der Schlaf"
el llum „die Leuchte"
el guia „der Führer" (Person)
el fi „der Zweck"
l'ordre m. „die Ordnung"
el salut „der Gruß"
el vall „der Graben"

la son „die Müdigkeit"
la llum „das Licht"
la guia „der Führer" (Buch)
la fi „das Ende"
l'ordre f. „die Order"
la salut „die Gesundheit"
la vall „das Tal"

Aber auch mit dem bestimmten Artikel im Singular ist bei denjenigen Substantiven, die mit Vokal anlauten oder mit h- geschrieben werden, das Genus in der Aussprache nicht zu erkennen, z. B. bei l'home „der Mensch", „der Mann", l'ase „der Esel", l'hora f. „die Stunde", da -a und -e in [ə] zusammenfallen.

Der maskuline Artikel wird mit den unbetonten Präpositionen a, de und per kontrahiert zu den Formen al, als; del, dels; pel, pels, z. B. als germans „den Brüdern", del teatre „des Theaters", pel camí „auf dem Weg" usw. Diese (orthographische) Kontraktionsregel gilt nicht, wenn der Artikel vor einem mit Vokal oder h-anlautenden Substantiv steht, z. B. a l'amic „dem Freund". Im Femininum wird der Artikel nicht kontrahiert.

Die Formen des unbestimmten Artikels sind im Maskulinum un, im Femininum una, im Plural uns, unes. Der Plural hat im Deutschen keine Entsprechung und kann manchmal mit „einige" wiedergegeben werden. Der Plural des unbestimmten Artikels ist nicht sehr häufig

Der Artikel en, vor Vokal n', „persönlicher" Artikel genannt, steht vor männlichen Personennamen; vor weiblichen Namen steht meist la, veraltet na, z. B. en Pere „Peter", n'Antoni „Anton", la Maria „Maria". Aber auch im Maskulinum kann en durch el ersetzt werden, besonders vor Vokal: l'Antoni. Es ist im Katalanischen üblich, Personennamen mit dem Artikel zu verwenden; nur bei sehr berühmten Personen wird der Artikel weggelassen.

Den Artikel, den man analog dem spanischen lo zur Substantivierung verwendet, nennen die katalanischen Grammatiker „neutralen" Artikel, obwohl er formal dem Maskulinum entspricht, z. B. in el pitjor „das Schlimmste" und auch bei Substantivierung (Nominalisierung) von Sätzen: va dir el que esperàvem „er sagte, was wir erwarteten". Umgangssprachlich wird in diesen Fällen meist wie im Spanischen lo [lu] gesagt.

Der Artikel kann gelegentlich auch pronominal gebraucht werden wie in els de casa „die (auch: meine) Angehörigen".

Substantiv und Adjektiv

Da die Morphologie des Substantivs und die des Adjektivs sich einander weitgehend ähnlich sind, empfiehlt es sich, diese beiden Bereiche zusammen zu behandeln.

Die Kategorien des katalanischen Substantivs sind Genus und Numerus. Kasusunterschiede wie im Deutschen erscheinen nur bei einigen Pronomina. Die Kasusfunktion wird durch Präpositionen und durch die Wortstellung ausgedrückt.

Beim *Genus* unterscheidet das Katalanische Maskulinum und Femininum. Das Femininum ist markiert und wird im allgemeinen durch -a gekennzeichnet, das Maskulinum ist unmarkiert: braç m. „Arm", taula f. „Tisch"; dolç „süß", prim – prima „dünn", savi – sàvia „weise". Selten ist auch das Maskulinum morphologisch gekennzeichnet wie in carro „Wagen", ferro „Eisen", flonjo – flonja „weich". Wenn aber das Maskulinum auf -e auslautet, ist der Genusunterschied vielfach nur orthographisch markiert, da die Aussprache dann beide Male [ə] ist: alumne – alumna

57

„Schüler, -in", <u>mestre</u> – <u>mestra</u> „Grundschullehrer, -in", <u>sogre</u> – <u>sogra</u> „Schwiegervater, -mutter"; <u>ample</u> – <u>ampla</u> „breit", <u>negre</u> – <u>negra</u> „schwarz", <u>pobre</u> – <u>pobra</u> „arm".

Beim Substantiv besteht die Möglichkeit, das Genus durch Suffixe zu verdeutlichen, z. B. durch -essa: <u>mestre</u> – <u>mestressa</u>, <u>abat</u> „Abt" – <u>abadessa</u> „Äbtissin", <u>comte</u> „Graf" – <u>comtessa</u> „Gräfin". Einige Suffixe haben für beide Genera dieselbe Form, so -aire: <u>captaire</u> „Bettler, -in"; -ista: <u>artista</u> „Künstler, -in".

Beim *Adjektiv* ist die Nichtunterscheidung des Genus noch häufiger als beim Substantiv: <u>amable</u> „liebenswürdig", <u>alegre</u> „lustig", <u>solemne</u> „feierlich", <u>lliure</u> „frei", <u>jove</u> „jung", <u>gran</u> „groß", <u>breu</u> „kurz", <u>greu</u> „schwer". Insbesondere haben diejenigen Adjektive nur eine Form, die auf -<u>al</u>, -<u>el</u>, -<u>il</u> enden: <u>cordial</u> „herzlich", <u>fidel</u> „treu", <u>fàcil</u> „leicht"; auf -<u>ar</u>: <u>vulgar</u> „vulgär"; auf -<u>or</u>, -<u>erior</u>: <u>millor</u> „besser", <u>pitjor</u> „schlechter", <u>ulterior</u> „später"; auf -<u>ant</u>, -<u>ent</u>: <u>elegant</u>, <u>semblant</u> „ähnlich", <u>absent</u> „abwesend", obwohl einige sehr häufig gebrauchte Adjektive dieser Gruppe doch das übliche Femininum auf -<u>a</u> bilden wie <u>sant</u> – <u>santa</u> „heilig", <u>violent</u> – <u>violenta</u> „heftig" u. a.; auf -<u>aç</u>, -<u>iç</u>, -<u>oç</u> im Singular: <u>audaç</u> „kühn", <u>feliç</u> „glücklich", <u>feroç</u> „wild", im Plural dagegen wird nach dem Genus unterschieden, z. B. <u>audaços</u> m. – <u>audaces</u> f.

Die *Morphonologie* des Katalanischen bietet einige Schwierigkeiten. Die Komplexität der Morphonologie kommt sprachgeschichtlich gesehen dadurch zustande, daß bestimmte Endkonsonanten im Auslaut verstummen, z. B. <u>germànum</u> > <u>german</u> > <u>germà</u> „Bruder". Da diese Erscheinung nur die Maskulina im Singular betrifft, weichen die Formen des Maskulinums von allen übrigen ab, d. h. von denen des Femininums, z. T. von denen des Plurals und von den Ableitungsformen. Von der Morphonologie her wäre als allgemeine Form <u>german</u>- anzunehmen, das regelmäßig in <u>germana</u> „Schwester", <u>germanor</u> „Brüderschaft", <u>agermanar</u> „verbrüdern" usw. erscheint, während hingegen <u>germà</u> die einzige unregelmäßige Form ist.

Im Nexus -<u>nt</u> wird -<u>t</u> nicht gesprochen, wohl aber im Femininum und in den Ableitungen: <u>parent</u> „Verwandter" – <u>parenta</u> „Verwandte", vgl. <u>parentiu</u> m. „Verwandtschaft"; <u>content</u> – <u>contenta</u> „zufrieden", vgl. <u>acontentar</u> „zufriedenstellen"; <u>dolent</u> – <u>dolenta</u> „schlecht", vgl. <u>dolenteria</u> „Schlechtigkeit"; <u>sant</u> – <u>santa</u> „heilig", vgl. <u>santedat</u> „Heiligkeit".

Das -<u>r</u> wird im Maskulinum im allgemeinen nicht gesprochen, aber wiederum aus phonetischen Gründen im Femininum: <u>senyor</u> „Herr" – <u>senyora</u> „Dame", „Frau" (mit dem Namen), <u>jardiner</u> „Gärtner" – <u>jardinera</u>; <u>primer</u> – <u>primera</u> „erster", <u>clar</u> – <u>clara</u> „hell", vgl. <u>claredat</u> „Helligkeit", <u>dur</u> – <u>dura</u> „hart", vgl. <u>duresa</u> „Härte".

Bei fast allen endbetonten Adjektiven und den meisten Substantiven (soweit sie nicht mit -<u>r</u> geschrieben werden), wird das Femininum mit -<u>na</u> gebildet (s. o.): <u>così</u>

„Vetter" – cosina „Base", lleó „Löwe" – lleona „Löwin"; pla – plana „eben", vgl. planura „Ebene", serè – serena „heiter", vgl. serenor „Heiterkeit".

Die Archiphoneme /-P/, /-T/, /-K/, /-F/, /-S/, /-Tʃ/, die durch Neutralisierung der Opposition stimmlos/stimmhaft entstanden sind, werden in den entsprechenden femininen Formen und Ableitungen durch die stimmhaften Laute [-b-], [-d-], [-g-], [-z-], [-dʒ-], [-ʒ-] realisiert.

/-P/ → [-b-]: llop „Wolf" – lloba „Wölfin", orb [orp] – orba „blind"; aber tip – tipa „satt" u. a.

/-T/ → [-d-]: nebot „Neffe" – neboda „Nichte", cunyat „Schwager" – cunyada „Schwägerin"; buit – buida „leer", vgl. buidar „ausleeren"; aber petit – petita „klein", brut – bruta „schmutzig".

/-K/ → [-g-]: amic „Freund" – amiga „Freundin"; groc – groga „gelb", vgl. groguenc „gelblich"; aber: sec – seca „trocken", ric – rica „reich".

/-F/ → [-b-]: serf „Leibeigener" – serva, vgl. servir „dienen".

/-S/ → [-z-]: espòs „Ehegatte" – esposa; precís – precisa „genau", vgl. precisió „Genauigkeit"; aber: gos „Hund" – gossa „Hündin", espès – espessa „dicht", „dick", vgl. espessor „Dicke".

/-Tʃ/ kann auf eine Neutralisierung von /dʒ/ oder von /ʒ/ zurückgehen: lleig – lletja „häßlich", vgl. lletjor „Häßlichkeit", mig – mitja „halb", roig – roja „rot", boig – boja „verrückt", vgl. bogeria „Verrücktheit".

Und schließlich alterniert /u/ in Diphthongen mit [-b-]: esclau „Sklave" – esclava, vgl. esclavatge „Sklaverei"; blau – blava „blau", vgl. blavenc „bläulich".

Das Zeichen des *Plurals* ist beim Substantiv und beim Adjektiv im allgemeinen -s; Singularformen auf -a haben im Plural -es: cavall m. „Pferd" – cavalls, dia m. „Tag" – dies, problema m. „Problem" – problemes, noia f. „Mädchen" – noies; tebi – tèbia – tebis – tèbies „lauwarm", fred – freda – freds – fredes „kalt" usw. Auch bei Pluralisierung von Wörtern auf -r wird dieser Buchstabe im Nexus -rs nicht ausgesprochen, z. B. bei plor m. [plɔ] „Träne" – plors [plɔs], color m. und f. [ku'lo] „Farbe" – colors [ku'los]; clar – clars „hell", segur – segurs „sicher" usw. Bestimmte Wörter, die bereits auf -s auslauten, werden im Plural nicht verändert, z. B. tipus m. „Typ", llapis m. „Bleistift", temps m. „Zeit".

Das Pluralmorphem hat die kombinatorische Variante -os im Maskulinum nach /s/, /z/, /st/, /sk/, /ʃ/, /tʃ/, /dʒ/ und /ʒ/: pas „Schritt" – passos, gras – grassos „fett", pis „Stockwerk", „Wohnung" – pisos, precís – precisos „genau", test „Blumentopf" – testos, mixt – mixtos „gemischt", bosc „Wald" – boscos (daneben boscs), fosc – foscos „dunkel", calaix „Schublade" – calaixos, baix – baixos „niedrig", esquitx „Spritzer" – esquitxos, desig „Verlangen" – desitjos (literarisch in diesem Fall eher desigs, so auch bei assaig „Versuch" – assaigs usw.), lleig – lletjos „häßlich", boig – bojos „verrückt".

Das Pluralmorphem der Adjektive auf -aç, -iç, -oç hat im Femininum die kombinatorische Variante -es: audaç – audaces, feliç – felices usw.

Wie aus den Beispielen für die kombinatorische Variante -os hervorgeht, gibt es in bestimmten Fällen auch *morphonologische* Unterschiede, und zwar dann, wenn /S/ und /Tʃ/ Archiphoneme sind, z. B. bei /S/ → /z/: pis – pisos, mes „Monat" – mesos, precís – precisos, cortès – cortesos „höflich" (vgl. cortesia „Höflichkeit"), im Gegensatz zu pas – passos, cos „Körper" – cossos, tros „Stück" – trossos, espès – espessos; bei /Tʃ/ → /dʒ/: desig – desitjos, lleig – lletjos; bei /Tʃ/ → /ʒ/: boig – bojos. Ferner erscheint das -n- des Typs germà – germana auch in den Pluralformen, also auch in germans. Weitere Beispiele dieses Typs sind pa m. „Brot" – pans, camí m. „Weg" – camins, veí m. „Nachbar" – veïns, mà f. „Hand" – mans, cançó f. „Lied" – cançons; so ebenfalls bei Adjektiven wie pla – plans „eben", serè – serens „heiter", rodó – rodons „rund". Diese morphonologische Regel gilt nicht für bestimmte Substantive, z. B. mamà „Mama" – mamàs, papà „Papa" – papàs, sofà m. „Sofa" – sofàs, cafè m. „Kaffee" – cafès, te m. „Tee" – tes usw.

Eine inhaltliche Besonderheit ist des weiteren die *Aufhebung* des *Genus*unterschieds in einigen Fällen wie el pare „der Vater" – els pares „die Eltern", el fill „der Sohn" – els fills „die Kinder", l'avi „der Großvater" – els avis „die Großeltern", el rei „der König" – els reis „das Königspaar".

Schließlich sei noch darauf hingewiesen, daß einigen orthographischen Unterschieden kein Unterschied in der Aussprache entspricht wie in vaca „Kuh" – vaques, figa „Feige" – figues, força „Kraft" – forces, truja „Sau" – truges, platja „Strand" – platges, llengua „Zunge", „Sprache" – llengües, veí – veïns usw.

Steigerung des Adjektivs

Das Katalanische hat nur eine Entsprechung für den deutschen Komparativ und Superlativ. Die Steigerung wird periphrastisch durch més „mehr" ausgedrückt. Ob zum Beispiel la casa més gran als „das größere Haus" einem Komparativ oder als „das größte Haus" einem Superlativ im Deutschen entspricht, darüber entscheidet der Kontext. In és més ric que jo „er ist reicher als ich" ergibt sich die Korrespondenz zum Komparativ aus der mit que „als" eingeführten Ergänzung; in és el més ric del poble „er ist der Reichste im Ort" geht die Korrespondenz zum deutschen Superlativ aus dem Artikel und der Ergänzung del poble hervor.

Einige Adjektive haben auch synthetische Steigerungsformen, so gran „groß", „alt" – major, petit „klein", „jung" – menor, bo [bɔ], bon (vor Substantiven) „gut" – millor, mal / dolent „schlecht" – pitjor, aber die periphrastischen Formen més gran, més petit, més bo, més dolent sind üblicher; obligatorisch sind die synthetischen Formen im Grunde nur in Fixierungen, z. B. in altar major „Hauptaltar".

Wie in den meisten romanischen Sprachen gibt es auch im Katalanischen einen periphrastischen und einen synthetischen Elativ zum Ausdruck des hohen Grades einer Eigenschaft, z. B. altíssim und molt alt „sehr hoch". Während aber in altíssim vom Grad einer Eigenschaft ohne Bezug zum Positiv gesprochen wird, schließt molt alt einen solchen Bezug zum Positiv ein und enthält somit zugleich eine Einschätzung der Eigenschaft. Demnach entspricht molt alt etwa einem „erstaunlich hoch", „unerwartet hoch" o. ä.

Die Morphonologie des synthetischen Elativs ist teilweise noch komplexer als die der Femininum- und Pluralbildung. Einige Beispiele mögen genügen: gran – grandíssim (vgl. grandesa „Größe"), jove „jung" – joveníssim (vgl. joventut f. „Jugend"), amable „liebenswürdig" – amabilíssim (vgl. amabilitat f. „Liebenswürdigkeit"). Populärsprachlich werden statt dieses synthetischen Elativs Wendungen vom Typ ximple més que ximple „äußerst einfältig" oder Adjektivwiederholungen verwendet.

Zur Verwendung des Adjektivs

In diesem Abschnitt sollen nur einige Bemerkungen zur Stellung des Adjektivs und zu den Relationsadjektiven gemacht werden. Weiteres findet man bei den Präpositionen (S. 97) und im syntaktischen Teil (S. 101–102).

Das Adjektiv kann dem Substantiv vorangestellt oder nachgestellt werden. Nachgestellt hat es eine distinktive, spezifizierende Funktion. Wenn dagegen eine Eigenschaft einer anderen nicht gegenübergestellt werden soll, dann kann das Adjektiv vorangestellt werden. So ist un home gran „ein Erwachsener" gegenüber un home petit, aber un gran home ist „ein bedeutender Mann" und enthält keine solche Gegenüberstellung; vgl. auch una dona pobra (nicht rica) „eine arme Frau" und una pobra dona „eine bedauernswerte Frau". Unter Berücksichtigung des genannten Kriteriums werden bestimmte Adjektive vorzugsweise vor- oder nachgestellt, dabei überwiegt entschieden die Nachstellung. Die Nachstellung ist auch der Normalfall bei mehreren Adjektiven und bei Steigerungsformen, und sie ist obligatorisch, wenn dem Adjektiv eine substantivische Ergänzung folgt, z. B. una paret alta de cinc metres „eine fünf Meter hohe Wand".

Relationsadjektive, d. h. in die Kategorie des Adjektivs transponierte Substantive, sind im Katalanischen häufiger als im Deutschen, und sie werden auch häufiger verwendet. Eine Wortgruppe wie la vida social „das gesellschaftliche Leben", d. h. „das Leben (in) der Gesellschaft", hat noch eine recht genaue Entsprechung im Deutschen. Bei Adjektiven wie econòmic „wirtschaftlich" ist die Relationsbedeutung wie in la crisi econòmica „die Wirtschaftskrise" von anderen Verwendungen zu trennen, wie sie z. B. in procediment econòmic „wirtschaftliches Verfahren" erscheinen. Schließlich gibt es für einige Relationsadjektive keine adjektivische Entsprechung im Deutschen, z. B. in el sistema solar „das Sonnensystem".

Zahlwörter

Die Zahlwörter haben bei 1 und 2 einen Genusunterschied: un (u), una; dos, dues; so auch ambdos, ambdues „beide". Die Zahlen von 3 bis 16 haben einfache Formen: tres, quatre, cinc, sis, set, vuit, nou, deu, onze, dotze, tretze, catorze, quinze, setze. Von 17 bis 19 sind sie aus Formen für 10 und 7, 8, 9 zusammengesetzt: disset, divuit, dinou. Nach 20, vint, werden die Zahlen nach dem Typ „20 und 1" gebildet: vint-i-un, vint-i-dos, vint-i-tres usw.; von 30 an wiederum nach dem Typ „30-1": trenta-un, trenta-dos usw. Die Hunderter sind zusammengesetzt und weisen einen Genusunterschied auf: dos-cents, dues-centes; tres-cents, tres-centes usw. Die Zahlen 100, cent, und 1000, mil, werden nicht verändert, mil auch nicht in Kombinationen: dos mil usw. Die Kardinalzahlen unterscheiden sich in substantivischer und adjektivischer Verwendung nur bei 1, 21, 31 . . ., d. h. u, vint-i-u, trenta-u, cent u werden als Substantive verwendet, z. B. l'u „die Eins", el dia u de maig „der erste Mai"; un, vint-i-un usw. dagegen sind Adjektive (doch ist die Norm hier nicht eindeutig fixiert).

Unter den Ordnungszahlen entsprechen die ersten vier Zahlen keinem einheitlichen Typ: primer, -a „erster", segon, -a „zweiter", tercer, -a „dritter", quart, -a „vierter". Es gibt zwar weitere unregelmäßige Ordnungszahlen (Latinismen), sie werden aber kaum gebraucht. Statt dessen werden im allgemeinen regelmäßige Ordnungszahlen mit -è, -ena gebildet: cinquè, cinquena (5.), sisè (6.), setè (7.), vuitè (8.), novè (9.), desè (10.), onzè (11.), vintè (20.), vint-i-unè (21.), vint-i-quatrè (24.) usw. Die Ordnungszahlen über 10. finden jedoch kaum Verwendung: el dia tretze „der dreizehnte" (des Monats), Alfons XII (= dotze) „Alfons XII." usw., aber Jaume I (= primer) „Jakob I.", segle IV (= quart) „4. Jahrhundert".

Die Ordnungszahlen werden in der Regel auch als Bruchzahlen gebraucht, z. B. 1/8 un vuitè. Besondere Formen existieren für 1/3, un terç; 1/10, un dècim; 1/100, un centèsim; 1/1000, un mil.lèsim. An die Stelle der Bruch- bzw. Ordnungszahlen können Periphrasen mit part f. „Teil" treten, z. B. bei 2/5, dues cinquenes parts.

Von den Ordnungszahlen lassen sich kollektive Zahlensubstantive ableiten, z. B. una dotzena „ein Dutzend", una vintena „eine Gruppe von zwanzig" wie in una vintena d'homes „etwa zwanzig Mann"; so auch trentena, quarantena usw. Neben una centena „etwa hundert" gibt es un centenar und für „tausend" un miler.

Personalpronomen

Bei den Personalpronomina gibt es betonte und unbetonte Formen. Die *betonten* Formen sind jo [ʒɔ] „ich", mi „mir", „mich", tu „du", ell [eʎ] „er", ella ['eʎə] „sie", nosaltres „wir", vosaltres „ihr", ells m., elles f. „sie", si „sich". Die Höflichkeitsform ist einerseits vostè, Pl. vostès „Sie", „Ihnen", andererseits vós „Sie". Nach dem Genus wird nur in der dritten Person unterschieden. Die erste Person weist einen Kasusunterschied auf: jo ist die Form des Subjektkasus, die aber auch nach einigen Präpositionen verwendet wird, mi dagegen steht nur nach Präpositionen.

Als Anredeformen stehen tu, vós und vostè zur Verfügung, von denen die ursprünglichen Formen tu und vós sind. Der Kastilianismus vostè, eine Kurzform von vostra mercè „Euer Gnaden" (vgl. span. usted), breitete sich auf Kosten von vós aus, so daß vós als höfliche Anredeform einerseits auf die Sprache der Bauern und Arbeiter beschränkt blieb und andererseits zu einer allgemeinen respektvollen Anredeform für sehr viel ältere Menschen, für die Eltern und Großeltern wurde, während man vostè als respektvolle Anrede für ein hierarchisches Verhältnis verwendete. Heute breitet sich tu auf Kosten von vostè und vós aus; allerdings hält sich vós bei Intellektuellen.

Die betonten Personalpronomina erscheinen in der Funktion des Subjekts nur dann, wenn die Person besonders hervorgehoben werden soll; sonst wird die Person durch die Verbalendung ausgedrückt. Ferner stehen die betonten Personalpronomina nach Präpositionen, z. B. sense nosaltres „ohne uns", amb tu „mit dir"; mi steht anstelle von jo nach den unbetonten Präpositionen a „in", „auf", amb, en „in", de „von", per „durch", „wegen" und nach Präpositionen, die mit unbetonten Präpositionen zusammengesetzt sind wie des de „seit", fins a „bis" usw. sowie nach contra „gegen", entre (mi) „bei (mir)", sense „ohne". Wenn aber nach einer dieser Präpositionen mehrere Personalpronomina koordiniert oder aufgezählt werden, dann steht jo, z. B. entre tu i jo „zwischen dir und mir".

Die korrekte Verwendung der *unbetonten* Personalpronomina bereitet Ausländern (und oft auch Katalanen) große Schwierigkeiten. Unbetonte Personalpronomina gibt es nur für das direkte und das indirekte Objekt. Sie unterscheiden sich formal nach der Stellung vor und nach dem Verb sowie nach der lautlichen Umgebung; die Formen sind rein phonetisch bedingt:

	nach dem Verb		vor dem Verb	
	nach Konsonant	nach Vokal	vor Konsonant	vor Vokal
„mir", „mich"	-me [mə]	'm	em	m'
„uns"	-nos [nus]	'ns	ens	ens
„dir", „dich"	-te [tə]	't	et	t'
„euch"	-vos [bus]	-us	us	us
„sich"	-se [sə]	's	es	s'

	nach dem Verb		vor dem Verb	
	nach Konsonant	nach Vokal	vor Konsonant	vor Vokal
„ihn"	-lo [lu]	'l	el	l'
„sie" f.	-la [lə]	-la	la	l'
„ihm", „ihr"	-li	-li	li	li
„sie", „ihnen" m.	-los [lus]	'ls	els	els
„sie", „ihnen" f.	-les [ləs]	-les	les	les
„es" n.	-ho [u]	-ho	ho	ho
„dort" usw.	-hi	-hi	hi	hi
„davon" usw.	-ne [nə]	'n	en	n'

Beispiele für Pronomina a) nach dem Verb nach Konsonant: podem guardar-la „wir können sie behalten", fes-ho „tue es", per vestir-nos „um uns anzuziehen"; b) nach dem Verb nach Vokal: dóna'm la mà „gib mir die Hand", per respondre'ns „ums uns zu antworten", mira'ls „sieh sie (m. Pl.) an", cerca-les „suche sie"; c) vor dem Verb vor Konsonant: els coneixem „wir kennen sie (m. Pl.)", et faràs mal „du wirst dir weh tun", no la veig „ich sehe sie (f. Sg.) nicht"; d) vor dem Verb vor Vokal: m'agrada „es gefällt mir", no ho entenc „ich verstehe es nicht", ens amaguem „wir verstecken uns", t'has amagat „du hast dich versteckt". Vor i- und u- wird la nicht elidiert: la inquieten „sie beunruhigen sie (f. Sg.)", la ultratgen „sie beleidigen sie" (vgl. la idea, la unitat). Diese phonetische Regel gilt für alle Kombinationen mit la, also auch für hi: la hi.

Wie zum Teil aus den Beispielen des obigen Abschnitts hervorgeht, werden die unbetonten Pronomina beim Infinitiv, beim Gerundium und beim nicht negierten Imperativ dem Verb nachgestellt, in allen anderen Fällen stehen die Pronomina vor dem Verb. Bei Nachstellung werden Verb und Pronomen im allgemeinen durch einen Bindestrich getrennt, bei Elision eines Vokals aber durch einen Apostroph: mirant-la „sie ansehend", ajuda'ns „hilf uns".

Das Neutrum ho wird ähnlich wie dt. „es" verwendet. Es kann sich auf einen ganzen vorangehenden Satz beziehen, z. B. creia que havia arribat el tren, però no ho podia assegurar perquè no ho havia vist „er glaubte, daß der Zug angekommen sei, aber er konnte *es* nicht mit Sicherheit sagen, weil er *es* nicht gesehen hatte", oder auf ein Substantiv bzw. ein Adjektiv, z. B. la dona estava malalta, però no ho semblava „die Frau war krank, aber sie sah nicht *so* aus (sie schien *es* nicht [zu sein])".

Das Pro-Adverb h̲i̲ wird hier bei den Personalpronomina behandelt, weil es sich syntaktisch wie diese verhält und weil es für Personalpronomina der dritten Person im Dativ eintreten kann. Zunächst ist zu bemerken, daß h̲i̲ in einigen Fällen fixiert ist, z. B. in h̲i̲ ha „es gibt" (das Verb ist haver-hi), sentir-hi „hören können" (d. h. nicht taub sein), veure-hi „sehen können". Das Charakteristische der Verwendung von h̲i̲ ist aber, daß h̲i̲ jede Umstandsbestimmung wiederaufnehmen kann außer solchen, die mit d̲e̲ eingeführt werden: heu estat a València? – No hi hem estat „seid ihr in València gewesen? – Wir sind nicht *dort* gewesen", ahir vaig venir amb el meu germà, i avui no hi he vingut „gestern bin ich mit meinem Bruder gekommen und heute bin ich nicht *mit ihm* gekommen", has pensat a pagar? – No hi he pensat „hast du ans Zahlen gedacht? – Ich habe nicht *daran* gedacht". Prädikativ verwendete Adjektive können statt mit h̲o̲ auch mit h̲i̲ wiederaufgenommen werden, z. B. tu estàs malalt, però jo no hi estic „du bist krank, aber ich bin *es* nicht", doch ist dieser Gebrauch von h̲i̲ in der Sprache von Barcelona selten. Ganz geläufig und volkssprachlich ist aber die Ersetzung des Personalpronomens der dritten Person in der Funktion des indirekten Objekts durch h̲i̲; statt z. B. *LI EL, *LI LA, *ELS EL, *LES LA usw. sagt man l'hi, la hi usw., etwa in dóna-la-hi! „gib sie ihm!"

Die Verwendung von e̲n̲ ist komplementär zu der von h̲i̲: Durch e̲n̲ werden mit d̲e̲ eingeführte Umstandsbestimmungen und Ergänzungen wiederaufgenommen, z. B. veniu de Madrid? – No en venim „kommt ihr von Madrid? – Wir kommen nicht *daher*", parlaven de nosaltres, però ara no en parlen „sie sprachen von uns, aber jetzt nicht mehr". Mit e̲n̲ werden desgleichen partitiv verwendete Substantive wiederaufgenommen, z. B. tens diners? – No en tinc „hast du Geld? – Ich habe keins". Bei vielen Verben bildet auch en/ne mit dem Verb eine lexikalische Einheit wie in dir-ne „nennen", anar-se'n „weggehen", tornar-se'n „zurückkehren": ara ja us en torneu? „kommt ihr schon jetzt zurück?"

Die Reihenfolge und die Formen von kombinierten Pronomina sind je nach Mundart und Sprachstil im ganzen katalanischen Sprachgebiet sehr unterschiedlich; hier seien nur die normativen Kombinationen und Formen genannt. Für die Reihenfolge der Pronomina gilt die Regel, daß das Reflexivpronomen se allen Pronomina vorangeht, dann die zweite, die erste und die dritte Person folgen und danach h̲o̲, n̲e̲ und h̲i̲. Diese Regel läßt sich unter der Verwendung der „vollen" Formen tabellarisch folgendermaßen darstellen:

SE	TE	ME	LI		HO	NE (EN)	HI
	VOS	NOS	EL				
			LA				
			ELS (LOS)				
			LES				

65

Die dritte Person läßt noch weitere Kombinationen untereinander zu: Der Dativ geht dann dem Akkusativ voraus, z. B. els el, els la. Üblicherweise wird aber diese Regel für die dritte Person vereinfacht, indem man das Pronomen im Dativ eben durch hi ersetzt, so daß nach der allgemeinen Regel hi nachgestellt wird: l'hi, la hi (s. o.). Die zweite Regel ist in erster Linie eine Orthographieregel und betrifft die Form der kombinierten Pronomina, d. h. die Elision von Vokalen. Wie bei den einzelnen Pronomina sind vier Fälle zu unterscheiden: a) Die Pronomina stehen hinter dem Verb, ohne daß der Vokal des einen Pronomens mit dem Vokal eines anderen Pronomens in Kontakt kommt; in diesem Fall werden die vollen Formen erhalten und durch Bindestrich getrennt: tornem-nos-en „kehren wir zurück", per dir-los-ho „um es ihnen zu sagen", torna-me-la „gib sie mir zurück". b) Wenn in der Kombination zweier Pronomina im Nachbereich des Verbs Kontakt zwischen den Vokalen der Pronomina besteht, wird das erste Pronomen vollständig geschrieben; vor dem zweiten Pronomen muß ein Apostroph stehen; vor ho und hi wird allerdings der Vokal des vorangehenden Pronomens elidiert: per anar-me'n „um wegzugehen", vine a donar-me'l „komm und gib ihn mir", dóna-l'hi „gib ihn ihm (ihr, ihnen)". c) Bei der Kombination zweier Pronomina vor einem Verb, das mit Konsonant anlautet, wird das erste Pronomen im Fall des Kontakts der Vokale dieser Pronomina ganz geschrieben, während vor das zweite Pronomen ein Apostroph kommt: me'n vaig „ich gehe weg", ell se'n torna „er kehrt zurück". Vor ho und hi wird dagegen wiederum der Vokal des ersten Pronomens elidiert: l'hi dono „ich gebe ihn ihm (ihr, ihnen)". d) Bei Kombination zweier Pronomina vor einem mit Vokal anlautenden Verb wird im Falle des Kontakts der Vokale beider Pronomina das erste Pronomen ganz ausgeschrieben und nach dem zweiten Pronomen ein Apostroph gesetzt: ell se l'amaga „er versteckt ihn sich". Für ho und hi gilt die allgemeine Regel: m'ho ha promès „er hat es mir versprochen", no m'hi entenc „ich verstehe mich nicht darauf".

Im Katalanischen ist es wie in anderen romanischen Sprachen möglich, einen Satzteil hervorzuheben, indem er an den Anfang oder an das Ende eines Satzes gestellt wird. Bei Hervorhebung muß ein Satzteil zugleich pronominal ausgedrückt werden, z. B. no m'agrada anar-hi, a casa seva „zu ihr nach Hause möchte ich nicht gehen", aquí no la hi podem tenir „hier können wir sie nicht behalten", l'aspecte el té bo „gut sieht er aus", la bicicleta sempre la duc jo „ich fahre immer mit dem Fahrrad", als malalts els porten flors „den Kranken bringen sie Blumen".

Possessivpronomen

Das Possessivpronomen ist das relationelle Adjektiv zum Personalpronomen. Es hat im Katalanischen betonte und unbetonte Formen. Die betonten Formen werden adjektivisch und substantivisch verwendet:

meu [e], meva, meus, meves „mein"
teu [e], teva, teus, teves „dein"
seu [e], seva, seus, seves „sein", „ihr"
nostre [ɔ], nostra, nostres „unser"
vostre [ɔ], vostra, vostres „euer"

In adjektivischer Funktion steht je nach Bedeutung der bestimmte oder der unbestimmte Artikel: la teva casa „dein Haus", el meu llibre „mein Buch"; un meu llibre und un llibre meu „ein Buch von mir". Das adjektivische Possessivpronomen wird auch prädikativ verwendet, dann aber ohne Artikel, z. B. aquesta casa és seva „dieses Haus gehört ihm".

Das Possessivpronomen tritt ebenfalls in substantivischer Funktion auf, und zwar mit dem bestimmten Artikel in Fällen wie el meu amic i el teu „mein Freund und deiner", aber ohne Artikel alternativ zum betonten Personalpronomen nach Präpositionen, die mit de zusammengesetzt sind, z. B. statt davant de mi – davant meu „vor mir", statt darrera de tu – darrera teu „hinter dir", statt lluny d'ella – lluny seu „fern von ihr".

Nur adjektivisch sind die unbetonten Possessivpronomina mon [mun], ma [mə], mos [mus], mes [məs] „mein", ton, ta, tos, tes „dein", son, sa, sos, ses „sein", „ihr", die keinen Artikel haben. Sie werden in der Sprache von Barcelona nur noch bei Verwandtschaftsnamen gebraucht, z. B. mon pare „mein Vater", ma germana „meine Schwester", ferner auch in festen Wendungen wie en ma vida „in meinem Leben", aber auch bei Verwandtschaftsnamen wird meist die betonte Form mit Artikel verwendet. Die unbetonten Formen haben sich in den Mundarten erhalten; sie können ferner in dichterischer Sprache vorkommen.

Die Formen llur, llurs statt el seu usw., ohne Genus-, aber mit Numerusunterschied, sind literarisch und nur bei mehreren „Besitzern" möglich, z. B. les nostres germanes i llurs amigues „unsere Schwestern und ihre Freundinnen".

Demonstrativpronomen

Das System der Demonstrativpronomina ist zweistufig und hat die Formen aquest, aquesta, aquests, aquestes „dieser" für den Ort der Gesprächsteilnehmer (d. h. für den Ort der ersten und der zweiten Person) und aquell [ɛ], aquella, aquells, aquelles

„jener" für den Ort der dritten Person. Die normativen Grammatiker bestehen oft auf einer besonderen Form für den Ort der zweiten Person, nämlich aqueix [ɛ], aqueixa, aqueixos, aqueixes „dieser (dort)"; dieser Forderung entspricht aber der allgemeine Sprachgebrauch nicht. Eine Unregelmäßigkeit in der Aussprache weisen die maskulinen Formen aquest, aquests auf. In aquest wird das s nicht gesprochen, wenn aquest vor einem mit Konsonant anlautenden Wort steht, z. B. aquest crim [ə,kɛt 'krim] „dieses Verbrechen"; das s wird aber gesprochen, wenn das folgende Wort vokalisch anlautet: aquest home [ə,kɛst 'ɔmə] „dieser Mann". Im Plural erscheint dieses s nie in der Aussprache: aquests homes [ə,kɛ'dz ɔməs] „diese Männer". Syntaktisch werden diese Demonstrativpronomina als Adjektive und als Substantive verwendet. In adjektivischer Funktion steht das Demonstrativpronomen gewöhnlich vor dem Substantiv, aber auch die Nachstellung ist möglich: les set muntanyes aquestes „diese sieben Berge da".

Das substantivische Demonstrativpronomen hat im Neutrum besondere Formen: això „dies", „das" und allò „jenes", „das". Literarisch gibt es für den Ort der ersten Person noch açò „dieses (hier)", diese Form wird jedoch in der gesprochenen Sprache wenig gebraucht. Beispiele: què en farem d'això? „was sollen wir damit machen?", allò no ho vull saber „das will ich nicht wissen". Dem deutschen „das, was" entspricht u. a. allò que, z. B. in allò que jo et deia „das, was ich dir sagte".

Das Demonstrativpronomen für die Benennung der Art und Weise ist tal, tals „solch" und mit dem bestimmten Artikel un tal „ein solcher". Tal kann substantivische und adjektivische Funktion haben. Die Entsprechungen zum Deutschen sind vielfältig, vgl. z. B. en Tal (oder tal) „(ein) Herr Soundso", tal i tal dia „an dem und dem Tag", tal i tal „dieser und jener" usw.

Das adjektivische und substantivische Demonstrativpronomen zur Benennung der Identität ist el mateix [e], la mateixa, els mateixos, les mateixes „derselbe", z. B. el mateix carrer „dieselbe Straße". Dem deutschen „selbst" entspricht nachgestelltes mateix, z. B. el director mateix „der Direktor selbst". Vorangestelltes mateix kann auch einem adverbialen „selbst", „sogar" entsprechen: els mateixos botxins ploraven „sogar die Henker weinten".

Indefinitpronomen

Die Indefinitpronomina, die sowohl adjektivisch als auch substantivisch verwendet werden, sind folgende:

un, una, uns, unes „ein", „einer", un dia „eines Tages".

algun (substantivisch algú), alguna, alguns, algunes „irgendein", „einige", „jemand"; algú ha trucat „jemand hat geklopft (geklingelt)". An die Stelle der adjektivischen Formen von algun kann im Singular manchmal auch qualque treten, besonders in qualque cosa „etwas".

tot [o], tota, tots, totes „jeder", „alle"; adjektivisches tot wird mit dem bestimmten Artikel kombiniert: tota la setmana „die ganze Woche".

mant, manta, mants, mantes „mancher" ist nicht sehr usuell.

cert [ɛ], certa, certs, certes (adj.) „ein gewisser" wird gewöhnlich ohne den unbestimmten Artikel gebraucht: amb certa ironia „mit einer gewissen Ironie"; der unbestimmte Artikel ist aber auch möglich: una certa semblança „eine gewisse Ähnlichkeit".

altre, altra, altres „anderer", „weiterer", „noch (ein)", una altra vegada „ein andermal", en vull una altra lliura „ich will noch ein Pfund davon".

qualsevol, Pl. qualssevol „jeder beliebige", „irgendein beliebiger", podeu venir a qualsevol hora „ihr könnt jederzeit kommen". Statt qualsevol kann auch qualsevulla gesagt werden.

cada (adj.) „jeder" ist unveränderlich: cada tres dies „jeden dritten Tag", „alle drei Tage".

cap „kein" ist ebenfalls unveränderlich und erscheint in Verbindung mit no (vor dem Verb): no he rebut cap notícia „ich habe keine Nachricht bekommen".

sengles (nur Pl.) „je ein", els soldats duen sengles fusells „jeder Soldat trägt ein Gewehr".

Daneben gibt es einige Indefinitpronomina, die nur substantivisch verwendet werden: no . . . ningú „niemand", „keiner": no ho va dir ningú „niemand hat es gesagt"; no . . . res „nichts": no sap res „er weiß nichts"; quelcom [ɔ] „etwas": sentia quelcom a l'estómac „er fühlte etwas im Magen"; cadascú und cada u „jeder": cadascú sap el que ha de fer „jeder weiß, was er zu tun hat"; tothom „jeder", „jedermann": tothom ho sap „jeder weiß es"; hom „man": antigament hom creia que . . . „früher glaubte man, daß . . ."; altri „ein anderer", „jemand anders": m'ha pres per altri „er hat mich für jemand anders gehalten".

Eine Gruppe für sich stellen die quantitativen Indefinitpronomen dar:

quant, quanta, quants, quantes „wieviel", „wie viele", quantes vegades he pensat en tu! „wie oft (wie viele Male) habe ich an dich gedacht!" Nur im Plural wird uns quants, unes quantes „einige" gebraucht: espera't uns quants dies „warte ein paar Tage".

tant, tanta, tants, tantes „soviel", „so viele": avui no fa tant vent com ahir „heute geht kein so starker Wind wie gestern".

poc, poca, pocs, poques „wenig": tinc poques ganes de treballar „ich habe wenig Lust zum Arbeiten".

molt, molta, molts, moltes „viel": ha begut molt vi „er hat viel Wein getrunken".

gaire, Pl. gaires „viel" (in Verbindung mit Negation, Frage oder Bedingung): sense gaire gana „ohne großen Hunger", tens gaires llibres? „hast du viele Bücher?" bastant, Pl. bastants „genügend": hi havia bastants homes „es gab genügend Leute".

Die übrigen Formen sind unveränderlich, so més „mehr": més vi „mehr Wein"; menys „weniger": menys complicacions „weniger Komplikationen"; massa „zu viel": massa feines „zu viele Arbeiten"; força „sehr viel": força espectadors „sehr viele Zuschauer"; prou „genug": no li diguis res, que ja té prou preocupacions „sag ihm nichts, er hat schon genug Sorgen".

Die quantitativen Indefinitpronomina außer massa und força haben die Besonderheit, daß zwischen das Pronomen und das folgende Substantiv die Präposition de „von" eingeschoben werden kann. Dabei sind die Fügungen mit de eher literarisch und schriftsprachlich, diejenigen ohne de eher gesprochen. Beispiele: tant de vent, molt de vi, més de vi, menys de complicacions. Bei no . . . gens „kein", „etwas" (bei Negation, Frage oder Bedingung) ist nur die Fügung mit de möglich: no té gens de paciència „er hat keine Geduld", tens gens de vi? „hast du etwas Wein?"

Interrogativpronomen

Die substantivischen Interrogativpronomina sind qui „wer" und què „was": què portes? „was bringst du?", no sé qui són „ich weiß nicht, wer sie sind".

Das adjektivische Interrogativpronomen ist quin, quina, quins, quines „welcher": quina hora és? „wie spät (welche Stunde) ist es?", quina noia més bonica! „was für ein hübsches Mädchen!"

Zu quant siehe den vorstehenden Abschnitt.

Relativpronomen

Beim Relativpronomen sind das allgemeine unbetonte que „der", „die", „das", die betonten Formen qui „der", „die", „das", „wer" für Personen und què „der", „die", „das", „was" für Sachen und ein weiteres Pronomen zu unterscheiden, das nach Genus und Numerus differenziert wird: el qual, la qual, els quals, les quals „welcher" usw. Den deutschen relativen Ortsadverbien „wo", „wohin" entspricht on [on].

Das Pronomen que wird als Subjekt, als direktes Objekt und als Umstandsbestimmung der Zeit in einem adjektivischen Relativsatz verwendet: el tren que arriba a les onze . . . „der Zug, der um 11 Uhr ankommt . . ."; l'home que he vist . . . „der Mann, den ich gesehen habe . . ."; el dia que farà sol . . . „an dem Tag, an dem die Sonne scheint . . .".

In substantivischen Relativsätzen wird für Personen el qui, aquell qui „derjenige, welcher", tothom qui „jeder, der" oder einfach qui „wer" (in Sprichwörtern) verwendet und für Sachen el que, allò que, selten ço que „das, was", „was": qui no treballa no menja „wer nicht arbeitet, soll auch nicht essen"; el qui ha dit això, ment (oder menteix) „wer das gesagt hat, der lügt"; fes el que et plagui „tu, was dir gefällt"; allò que em vas contar no és veritat „was du mir erzählt hast, das stimmt nicht".

Die Formen qui und què stehen in Relativsätzen nach Präpositionen: No conec la persona a qui escriviu „ich kenne den (die) nicht, dem (der) ihr schreibt"; el llibre de què parles és interessant „das Buch, von dem du sprichst, ist interessant".

Durch el qual usw. können que, qui und què ersetzt werden, wenn das Bezugswort ein Substantiv ist: la muntanya de Montserrat, la qual veiem d'ací estant . . . „das Montserrat-Gebirge, das wir von hier aus sehen, . . ."; les noies amb les quals tu enraonaves . . . „die Mädchen, mit denen du geredet hast, . . .". Das Ersetzen der einfachen Formen durch das zusammengesetzte Pronomen ist immer dann angebracht, wenn der Bezug deutlich gemacht werden soll: la germana del pintor, de la qual parlàvem ahir „die Schwester des Malers, von *der* wir gestern sprachen" kann dadurch unterschieden werden von la germana del pintor, del qual parlàvem ahir „die Schwester des Malers, von *dem* wir gestern sprachen".

Im Gegensatz zum Deutschen, das die explikativen Relativsätze nur durch Sprechpausen vor und nach dem Relativsatz markieren kann, werden *diese* Relativsätze im Katalanischen durch Kommata abgetrennt; vgl. zu den obigen Beispielen noch els comerciants, que es sentien perjudicats, protestaren „die Kaufleute – die sich benachteiligt fühlten – protestierten".

Das Relativadverb on bezieht sich auf Ortsangaben und kann lokale Präposition + Relativpronomen ersetzen wie in la sala on es reuniren . . . „der Saal, in dem sie sich versammelten, . . ." statt la sala en què es reuniren oder la sala en la qual es reuniren.

Dt. „dessen", „deren" in Ergänzungen eines Substantivs wird mit del qual, de la qual, dels quals, de les quals, wiedergegeben, wobei im Katalanischen Artikel und Substantiv dem Pronomen vorausgeht: em va parlar d'una persona el nom de la qual he oblidat „er sprach mit mir über jemanden, dessen Namen ich vergessen habe". Die Verwendung des zusammengesetzten Relativpronomens ist in einem solchen Fall eher schriftsprachlich. In der gesprochenen Sprache werden meist Fügungen mit que und en oder que und Possessivpronomen verwendet: em va parlar d'una persona *que* n'he oblidat el nom und em va parlar d'una persona *que* he oblidat el seu nom. Diese umgangssprachlichen Fügungen gelten als inkorrekt.

Verbalsystem

Infinitiv

Nach den Endungen des Infinitivs sind drei Konjugationen zu unterscheiden, die 1. mit Verben auf -ar, die 2. mit Verben auf -re, -er [-ə], -er [-ɛ] und die 3. mit Verben auf -ir. Zur 1. Konjugation gehören parlar „sprechen", canviar „ändern", començar „anfangen", zur 2. respondre „antworten", riure „lachen", veure „sehen", moure „bewegen", témer „fürchten", córrer „laufen", vèncer „(be)siegen", voler „wollen", saber „wissen", poder „können", haver „haben" sowie dir „sagen" und dur „tragen", und zur 3. llegir „lesen", corregir „verbessern", collir „pflücken". Eine große Zahl der Verben der 2. Konjugation ist unregelmäßig. In der 3. Konjugation sind die Verben mit der Stammerweiterung -eix- im Präsens (servir „dienen") von den wenigen, aber häufigen Verben ohne diese Stammerweiterung zu trennen (dormir „schlafen").

Einige Infinitive haben sekundäre literarische bzw. regionale Formen, so tenir – tindre „haben", venir – vindre „kommen", ésser – ser [se] „sein", cabre – caber „Platz haben", valdre – valer „wert sein", „gelten".

Von der Verwendung des Infinitivs in Verbalperiphrasen wird später zu reden sein; an dieser Stelle sollen nur einige sonstige Hinweise zur Syntax des Infinitivs gegeben werden. Als nominale Form des Verbs ist der Infinitiv manchmal als Substantiv fixiert wie el deure (= „das Müssen") „die Pflicht", el saber „das Wissen"; der Infinitiv kann ähnlich wie im Deutschen so gut wie unbeschränkt substantiviert werden. Die nominalen Verwendungsmöglichkeiten sind beim katalanischen Infinitiv breiter als im Deutschen, wofür wir als Beispiele den Infinitiv als Ergänzung eines Substantivs: un altre problema per resoldre „ein weiteres zu lösendes Problem"; und als Ergänzung eines Verbs, das eine Präposition regiert, angeben: acostumar-se a fumar „sich das Rauchen angewöhnen". Ein Lernproblem ist die Verwendung des Infinitivs ohne Präposition wie nach den Modalverben, deixar „(zu)lassen", fer „lassen" und einigen anderen sowie die Verwendung des Infinitivs nach de, z. B. et prego d'acceptar „ich bitte dich anzunehmen". Dazwischen liegt ein weiter Bereich von Verben, bei denen je nach Stilebene die Konstruktion mit oder ohne de vorgezogen wird. In li aconsellaran de venir „sie werden ihm raten zu kommen" wird de für die geschriebene Sprache als korrekt empfohlen, während li aconsellaran venir im Gesprochenen üblich ist. Keine direkte Entsprechung gibt es im Deutschen für die verbale Verwendung des Infinitivs in verkürzten Nebensätzen, die als Umstandsbestimmungen funktionieren. Diese Konstruktionen werden mit einer Präposition eingeleitet: en (a l') arribar el president, començà la sessió „als der Vorsitzende kam, begann die Sitzung".

Gerundium und Partizipien

Die Formen des Gerundiums sind für die 1. Konjugation -ant, für die 2. -ent, je nach Verb [-ɛn] oder [-en] gesprochen, für die 3. -int. Die Gerundia der 1. Konjugation sind alle regelmäßig: parlant, canviant, començant. In der 2. Konjugation entspricht dem Infinitiv auf -er [-ɛ] ein Gerundium auf -ent [-ɛn]: saber – sabent „wissend" (die Übersetzung mit dem Partizip Präsens entspricht nur sehr ungenau dem katalanischen Gerundium), haver – havent „habend", cabre/caber – cabent „Platz habend". Bei den übrigen Gerundia der 2. Konjugation wird -ent als [-en] gesprochen: conèixer – coneixent „kennend", perdre – perdent „verlierend". Ausnahmen bilden escriure – escrivint „schreibend" und viure – vivint „lebend". Zu Infinitiven auf -ldre, -ndre wird das Gerundium ohne -d gebildet: dissoldre – dissolent „auflösend", moldre – molent „mahlend", vendre – venent „verkaufend", respondre – responent „antwortend". Bei Infinitiven auf -ure schwindet entweder u oder es wird durch i oder v ersetzt: plaure – plaent „gefallend", riure – rient „lachend", creure – creient „glaubend", seure – seient „sitzend", caure – caient „fallend", veure – veient „sehend", beure – bevent „trinkend", moure – movent „bewegend". Die Gerundia der 3. Konjugation sind wieder sämtlich regelmäßig: florir – florint „blühend", venir – venint „kommend" usw. Das Gerundium havent drückt in Kombination mit einem Partizip Perfekt Vorzeitigkeit aus, z. B. havent vingut „gekommen seiend".

Was in katalanischen Grammatiken Partizip Präsens genannt wird, funktioniert heute als deverbales Adjektiv. In der 1. und 2. Konjugation besteht formal kein Unterschied zum Gerundium, in der 3. Konjugation wird das deverbale Adjektiv mit -ent und nicht mit -int gebildet. Auf diese Weise wird z. B. das Adjektiv bullent (← bullir) „kochend" vom Gerundium bullint formal unterschieden.

Das Partizip Perfekt wird für die 1. Konjugation auf -at gebildet: cantat; für die 2. auf -ut: perdut; und für die 3. auf -it: servit. Es ist nach Genus und Numerus veränderlich, z. B. cantat – cantada – cantats – cantades; es gelten außerdem dieselben morphonologischen Regeln wie für Substantiv und Adjektiv. Die Partizipien der 1. Konjugation sind regelmäßig. Die Verben, die die 1. Person Präsens auf -c bzw. den Konjunktiv Imperfekt auf -gués bilden, behalten das -g- im Partizip bei, z. B. puc – pogués – pogut „gekonnt", caic – caigués – caigut „gefallen", conec – conegués – conegut „gekannt", und so auch visc – visqués – viscut „gelebt" und andere.

Ausnahmen sind die Partizipien auf -t: z. B. dissoldre – dissolt „aufgelöst", treure – tret, treta „gezogen", „weggenommen", dir – dit, dita „gesagt"; und die Partizipien der Verben auf -ndre (außer vendre „verkaufen", pondre „Eier legen", respondre „antworten") und metre mit Ableitungen: prendre – pres „genommen", fondre – fos „geschmolzen", admetre – admès „angenommen". Auch bei den Partizipien der 3. Konjugation sind einige Ausnahmen zu nennen, z. B. oferir – ofert „angeboten", cobrir – cobert „bedeckt", imprimir – imprès „gedruckt".

Das Gerundium und das Partizip Perfekt werden zur Bildung von Verbalperiphrasen verwendet (s. S. 82–83).

Die Partizipien, nicht aber das Gerundium, können wie auch der Infinitiv substantiviert werden, so etwa el creient „der Gläubige", l'aprenent „der Lehrling", l'empleat „der Angestellte". Die Substantivierung sowohl des Partizip Präsens als auch des Partizip Perfekts ist möglich, weil sie adjektivisch verwendet werden können.

Die Tatsache, daß das Partizip Perfekt nach Genus und Numerus veränderbar ist, bringt das Problem der Übereinstimmung mit sich. Diese Übereinstimmung ist in der literarischen Sprache obligatorisch, wenn ein direktes bzw. ein präpositionales mit de eingeleitetes Objekt vorausgeht, das durch el, la, els, les, en, d. h. durch ein Pronomen der 3. Person (nicht aber der 1. und 2. Person) vertreten wird; sie wird auch für die Partizipien pogut „gekonnt", volgut „gewollt", sabut „gewußt", fet „gelassen", gosat „gewagt" und hagut de „gemußt" vorgeschrieben. Beispiele: n'he vista una „ich habe eine davon gesehen", l'havia vista venir „ich hatte sie kommen sehen", no n'hem gosats comprar tants „wir haben nicht so viele davon zu kaufen gewagt", n'hem hagudes de deixar dues (z. B. preguntes) „wir haben zwei davon (von den Fragen) weglassen müssen". In der gesprochenen Sprache wird die Übereinstimmung in den meisten Gegenden nicht gemacht.

Das Gerundium und das Partizip Perfekt werden mit verbaler Funktion in Fällen verwendet, die meist im Deutschen keine analoge Entsprechung haben. Statt eines explikativen Relativsatzes ist auch eine Konstruktion mit dem Gerundium bzw. dem Partizip Perfekt möglich: els comerciants, sentint-se perjudicats, protestaren „die Kaufleute – die sich benachteiligt fühlten – protestierten"; das Gerundium entspricht dem Relativsatz in els comerciants, que es sentien perjudicats, protestaren. Wenn die Gleichzeitigkeit der durch das Gerundium ausgedrückten Verbalhandlung mit der des übergeordneten Verbs betont werden soll, dann steht vor dem Gerundium tot, z. B. in einer näheren Bestimmung des Subjekts: llegia tot menjant „er las beim Essen". Das Gerundium kann einen Aktanten näher bestimmen. Im folgenden Beispiel wird das direkte Objekt et durch das Gerundium determiniert: sempre et trobo treballant „ich finde dich immer bei der Arbeit". Schließlich werden das Gerundium und das Partizip Perfekt absolut verwendet; Äquivalente für solche Konstruktionen sind u. a. Kausal-, Konditional-, Konzessiv-, Temporalsätze: el vaig conèixer, essent alcalde el seu pare „ich lernte ihn kennen, als sein Vater Bürgermeister war"; fent això, no aconseguirem res „wenn wir das tun, werden wir gar nichts erreichen"; vistes així les coses, sembla que tingui raó „wenn man die Dinge so betrachtet, scheint er doch recht zu haben". Die Partizipialsätze können auch durch Adverbien oder Präpositionen eingeleitet sein: després d'arribat ell, començarem „nachdem er angekommen ist, werden wir anfangen".

Die Tempora des Indikativs

Da die Morpheme zur Kennzeichnung der Person und des Numerus immer zusammen mit den Tempusmorphemen auftreten und die Person- und Numerusmorpheme je nach Tempus teilweise verschiedene Formen haben, ist es angebracht, sie bei den Tempora aufzuführen (S. 83–87). Nur wenn die Person hervorgehoben werden soll, werden die betonten Personalpronomina gebraucht (S. 62–63). Auch die Kategorie des Aspekts wird nicht von den Tempora getrennt; der Aspekt wird hier vielmehr als sekundär gegenüber dem Tempus betrachtet. Dagegen betrifft der Abschnitt über die Verbalperiphrasen ausschließlich den Aspekt.

Innerhalb der Tempora unterscheiden wir nach E. Coseriu zunächst die Zeitebene, die für den Sprecher aktuell ist, zu der die Tempora Präsens, Perfekt und Futur gehören, und die Zeitebene, die für den Sprecher inaktuell ist, mit den Tempora Imperfekt, Plusquamperfekt und Konditional. Die jeweilige Zeitebene wird demnach durch die Tempora in Zeiträume eingeteilt. Dies geschieht in erster Linie durch die Perspektive. Sie kann einfach parallel zur Zeitebene sein, mit dem Präsens als Tempus auf der aktuellen und dem Imperfekt als Tempus auf der inaktuellen Zeitebene. Sie kann weiterhin prospektiv sein und wird aktuell durch das Futur und inaktuell durch das Konditional ausgedrückt. Und schließlich kann die Perspektive retrospektiv sein und wird dann auf der aktuellen Ebene durch das einfache (und periphrastische) Perfekt und auf der inaktuellen Ebene durch das (synthetische) Plusquamperfekt gekennzeichnet. Die einzelnen Zeiträume können wiederum durch eine sekundäre Perspektive unterteilt werden. So ist es im Katalanischen möglich, den Zeitraum des Präsens prospektiv in eine nahe Zukunft mit dem „nahen" Futur als Tempus, z. B. vaig a cantar „ich werde (gleich) singen", und retrospektiv in eine kurz zurückliegende Vergangenheit mit dem zusammengesetzten Perfekt als Tempus, z. B. he cantat „ich habe (soeben, vor kurzem) gesungen", einzuteilen. Der Vorteil dieses Konzepts besteht darin, daß nicht nur die Tempora als ein System von Oppositionen darstellbar werden, sondern daß auch die Neutralisierungen von Oppositionen lückenlos erfaßt werden können (was hier aber nicht angestrebt wird). Die wichtigsten Fälle werden bei den einzelnen Tempora genannt. Die bisher erwähnten Tempora lassen sich im folgenden Schema darstellen:

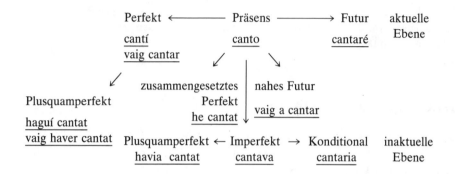

Die Richtung der Neutralisierungen entspricht der umgekehrten Pfeilrichtung. Es wird nicht angestrebt, alle Tempora des Katalanischen in diesem Schema zu erfassen.

Ein typisches Beispiel für inaktuelle Rede ist die indirekte Rede; dabei werden die aktuellen Tempora nach einem Verb der Vergangenheit in inaktuelle Tempora umgesetzt (s. dazu Text 2).

Präsens

In der Morphologie des Präsens ist die Stammerweiterung bei den Verben auf -ir für die 1., 2. und 3. Person Singular sowie die 3. Person Plural hervorzuheben. Nur bei bestimmten Verben der 3. Konjugation tritt sie nicht ein; bei manchen Verben sind erweiterte und nicht erweiterte Formen möglich. Im Präsensparadigma ohne Stammerweiterung ist die 1., 2., 3. und 6. Person stammbetont, die 4. und 5. Person ist endungsbetont (s. S. 55).

Im Paradigma des Präsens kommen die meisten Unregelmäßigkeiten vor. Unter ihnen hat aber nur die 1. Person Singular auf -c systematische Bedeutung, denn z. T. von dieser Person ausgehend ist die Morphologie einzelner Verben analogisch umgestaltet worden. Diese analogische Umgestaltung hat den Konjunktiv Präsens, den Konjunktiv Imperfekt, das einfache Perfekt und das Partizip weitgehend, aber nicht in allen Fällen einheitlich erfaßt. Hier einige „regelmäßige" Beispiele: riure „lachen" – ric – rigui – rigués – riguí – rigut; jeure/jaure „liegen" – jec – jegui – jagués – jaguí – jagut; caure „fallen" – caic – caigui – caigués – caiguí – caigut; tenir „haben" – tinc – tingui – tingués – tinguí – tingut; venir „kommen" – vinc – vingui – vingués – vinguí – vingut.

Inhaltlich kann wie im Deutschen das Präsens den Zeitpunkt des Sprechens bezeichnen sowie durative, iterative, habituelle Handlungen und Ereignisse, die in der Gegenwart stattfinden, und allgemeine Wahrheiten. Die Opposition zum Perfekt kann neutralisiert werden; es liegt dann das „historische Präsens" vor: <u>Aribau inicia la Renaixença catalana</u> „Aribau leitet die katalanische Renaixença ein". So auch ist die Neutralisierung des Futurs möglich, aber weit weniger üblich als im Deutschen: <u>demà tenim convidats</u> „morgen haben wir Gäste". Desgleichen kann das Präsens für das Imperfekt bzw. die inaktuelle Ebene insgesamt eintreten.

Perfekt

Von den anderen romanischen Sprachen unterscheidet sich das Katalanische dadurch, daß es ein einfaches und ein periphrastisches Perfekt kennt. Das periphrastische Perfekt wird mit dem Präsens von <u>anar</u> „gehen" + Infinitiv gebildet: <u>vaig cantar</u> „ich sang", „ich habe gesungen". Das morphologisch teilweise sehr unregelmäßige, aber im ganzen Paradigma auf dem Stammvokal betonte einfache Perfekt wird nur in der geschriebenen Sprache verwendet; in der gesprochenen Sprache werden diese Formen durch das periphrastische Perfekt ersetzt. Allerdings ist das periphrastische Perfekt auch schriftsprachlich.

Mit dem Perfekt wird ein Zeitraum aktualisiert, der nicht bis an die Gegenwart heranreicht. Mit diesem Tempus werden üblicherweise Ereignisse der Vergangenheit erzählt (s. Text 3 und 4). Besondere Bedeutungen in der Rede ergeben sich, wenn dieses Tempus bei Verben auftritt, deren Verbalinhalt an sich nicht abgeschlossen ist und keinen Anfang oder Ende in sich schließt. In diesem Fall bezeichnet das Perfekt den Beginn einer Handlung und schließt gerade dadurch den sonst gegebenen Bezug zur Gegenwart aus: <u>vaig saber</u> „ich erfuhr", <u>tinguí</u>/<u>vaig tenir</u> „ich bekam". Viele Grammatiker sprechen dann von „perfektivem" Aspekt.

Futur

Historisch gesehen wird das Futur mit dem Infinitiv und den Formen des Präsens von lat. <u>habere</u> gebildet. Diese Regel gilt synchronisch nur noch begrenzt, da allein die Endung betont ist und die Vokale des Infinitivs neutralisiert werden: <u>cantaré</u> [kəntə're]. Einige wenige Futurformen entsprechen nicht den heutigen Infinitivformen: <u>saber</u> – <u>sabré</u> „ich werde wissen", <u>anar</u> – <u>aniré</u> (<u>iré</u>) „ich werde gehen". Das morphologisch ansonsten weitestgehend regelmäßige Futur aktualisiert eine künftige Handlung ohne unmittelbaren Bezug zur Gegenwart und ist üblicher als das deutsche Futur: <u>demà plourà</u> „morgen regnet es"; so auch im Gegensatz zum Deutschen in Nebensätzen: <u>quan voldràs en parlarem</u> „wir sprechen darüber, wann du willst". Auch die modalen Verwendungsmöglichkeiten sind häufiger und zahlreicher als im

Deutschen, z. B. der Ausdruck einer Verpflichtung: honraràs pare i mare „du sollst Vater und Mutter ehren", no mataràs „du sollst nicht töten"; oder der Ausdruck einer (unangenehmen) Überraschung: t'atreviràs a negar-ho? „du wagst es zu leugnen?". Daneben gibt es noch konzessive und als unkorrekt angesehene Verwendungen, die Zweifel oder Wahrscheinlichkeit ausdrücken.

Zusammengesetztes Perfekt

Das zusammengesetzte Perfekt wird mit dem Präsens von haver und der maskulinen Form des Partizip Perfekts gebildet: he cantat. Die Form des Partizips wird in der Umgangssprache nicht und in der normierten Sprache nur unter bestimmten Bedingungen verändert (s. S. 74).

Inhaltlich gestaltet das zusammengesetzte Perfekt in sekundärer Perspektive die unmittelbar zurückliegende Vergangenheit im Zeitraum des Präsens; der Bezug zur Gegenwart ist in diesem Tempus enthalten: ja se n'ha anat „er ist schon weggegangen" (und nun nicht mehr da), no ha telefonat ningú? „hat niemand angerufen?", no ens hem vist alguna vegada? „haben wir uns nicht schon einmal gesehen?". Ereignisse des Tages, an dem man spricht, werden regelmäßig mit dem zusammengesetzten Perfekt erzählt.

Anar a + Infinitiv

Mit dem Präsens von anar a + Infinitiv wird in sekundärer Perspektive die unmittelbare Zukunft ausgedrückt. Dieses Tempus kann man in Anlehnung an das französische futur proche „nahes Futur" nennen. Beispiel: ara anem a veure el segon acte „jetzt sehen wir gleich den zweiten Akt". Diese Form wird in der Norm nicht zugelassen und gilt als Kastilianismus. Dagegen ist dieselbe Konstruktion als unmittelbare Zukunft in der sekundären Perspektive auf der inaktuellen Ebene in der Norm anerkannt; sie hat in der Rede konative Funktion: anava a dir „ich wollte gerade sagen". Dieses Tempus hat keinen offiziellen Namen; es wird in katalanischen Grammatiken als Verbalperiphrase betrachtet.

Imperfekt

Beim Imperfekt gibt es nur zwei Endungen, -ava für die 1. Konjugation und -ia für die 2. und 3. Konjugation. Die Endung -ia stimmt morphologisch mit den beiden anderen Haupttempora der inaktuellen Zeitebene überein, dem Plusquamperfekt und dem Konditional: sent i a – hav i a sentit – sentir i a. Verben auf -ldre und -ndre bilden das Imperfekt ohne -d-: moldre – molia, respondre – responia. Bei einigen Verben ist im Imperfekt nicht die Endung, sondern der Stamm betont: caure – queia „ich fiel", fer – feia „ich tat", dir – deia „ich sagte", dur – duia „ich trug", jeure – jeia „ich lag", riure – reia „ich lachte", seure – seia „ich saß", treure – treia „ich zog", veure – veia „ich sah".

Das Imperfekt ist gleichsam das Präsens der inaktuellen Zeitebene und kann deshalb mit der Vergangenheit zusammenfallen (s. Text 5 und die indirekte Rede in Text 4). In diesem Fall dient das Imperfekt der Beschreibung des Hintergrunds, von dem sich die aktuellen Ereignisse und Handlungen abheben (s. Text 3). Wegen der Parallelität zum Präsens können mit dem Imperfekt durative, iterative und habituelle Vorgänge und Handlungen dargestellt werden. So kommt es, daß einige Grammatiker dem Imperfekt insgesamt einen durativen Aspekt zuschreiben konnten.

Plusquamperfekt

Das katalanische Plusquamperfekt hat zwei Formen und zwei Funktionen. Das eine Plusquamperfekt beinhaltet eine sekundäre Perspektive im Zeitraum des Perfekts und benennt eine unmittelbare Vorvergangenheit in diesem Zeitraum (pretèrit anterior): quan hagueren llegit la memòria va parlar el president „sowie sie die Denkschrift verlesen hatten, fing der Vorsitzende zu sprechen an", no va callar fins que (no) li ho va haver explicat tot „er hielt den Mund nicht, bis (er hielt den Mund erst, als) er es ihm ganz erklärt hatte". Wie beim Perfekt sind auch beim pretèrit anterior eine Form mit einem einfachen Hilfsverb (haguí, hagueres usw. + Part. Perf.) und eine Form mit einem periphrastischen Hilfsverb zu unterscheiden (vaig haver + Part. Perf.). Die Form vom Typ haguí cantat gehört wiederum nur der Schriftsprache an.

Während das pretèrit anterior ein Tempus der aktuellen Zeitebene ist (das jedoch recht selten gebraucht wird), gehört das Plusquamperfekt vom Typ havia cantat (plusquamperfet) der inaktuellen Zeitebene an und bezeichnet eine Vergangenheit mit Bezug zum Zeitraum des Imperfekts: cada matí, tot seguit que havia sortit de casa, comprava el diari „jeden Morgen kaufte er die Zeitung, sowie er aus dem Haus gegangen war" (habituelle Handlung). Im Verhältnis zu Handlungen aber, die im Perfekt erzählt werden, funktioniert das Plusquamperfekt als Vorvergangenheit (so wie das Imperfekt als Hintergrund zu im Perfekt erzählten Ereignissen eine Vergangenheit bezeichnen kann), von der sich die als aktuell dargestellten Handlungen und Ereignisse abheben: va comprendre que s'havia enganyat „er begriff, daß er sich getäuscht hatte".

Konditional

Das Konditional bezeichnet in prospektiver Perspektive auf der inaktuellen Ebene die Zukunft; es wird also nicht als Modus, sondern als Tempus angesehen. In der indirekten Rede entspricht es dem Futur der direkten Rede: em pensava que no veuria mai més en Quimet „ich dachte, daß ich Quimet nie mehr wiedersehen würde". Charakteristisch ist die Verwendung zum Ausdruck einer hypothetischen Zukunft: et posaria un telegrama de matí, si és que ja se sap alguna cosa (s. Text 4).

Zeitenfolge

Bei den Tempora nicht nur des Indikativs, sondern auch des Konjunktivs gilt allgemein die Regel der Zeitenfolge: Einem Präsens, zusammengesetztem Perfekt oder Futur im Hauptsatz folgt ein Präsens, zusammengesetztes Perfekt oder Futur (und manchmal auch ein Perfekt) im Nebensatz bzw. ein Konjunktiv Präsens oder ein Konjunktiv des zusammengesetzten Perfekts, wenn dies erforderlich ist; einem Perfekt, Imperfekt, Plusquamperfekt oder Konditional im Hauptsatz folgt im Nebensatz ebenfalls eines dieser Tempora bzw. der Konjunktiv Imperfekt, der Konjunktiv Plusquamperfekt oder der Konjunktiv des periphrastischen Perfekts. Beispiele: us adverteixo que, segons que vagin les coses, no em tornareu a veure „ich mache euch darauf aufmerksam, daß ihr mich, je nachdem wie es weitergeht (ausgeht), nicht mehr wiederseht", imagina't que els hagi passat alguna cosa „stell dir vor, ihnen wäre etwas passiert", ja us vaig dir que potser no ens veuríem „ich sagte euch schon, daß wir uns vielleicht nicht sehen werden", vaig cridar ben alt, perquè ells em sentissin „ich rief ziemlich laut, damit sie mich hörten". Die Zeitenfolge tritt im Gegensatz zum Deutschen besonders deutlich in der indirekten Rede in Erscheinung (s. Text 2).

Modus: Imperativ und Konjunktiv

Beim Imperativ sind die unregelmäßigen Formen besonders zahlreich, z. B. digues „sag", fes „tu". In einzelnen Fällen gibt es beim Imperativ Plural zwei Formen, von denen die eine dem Indikativ Präsens, die andere dem Konjunktiv Präsens entspricht: teniu und tingueu „habt", „haltet". Die Höflichkeitsform wird mit dem Konjunktiv Präsens ausgedrückt: vingui, vinguin „kommen Sie" (Singular und Plural). Auch der negierte Imperativ wird mit dem Konjunktiv ausgedrückt: no vinguis „komm nicht". Die unbetonten Personalpronomen werden beim Imperativ nachgestellt: escriu-me „schreib mir". Und in fixierten Wendungen haben sich beim Konjunktiv in der Verwendung als Imperativ ältere Formen erhalten: Visca Catalunya! „Es lebe Katalonien!", Déu vos guard! „Grüß Gott!"
Der Konjunktiv erscheint in Hauptsätzen relativ selten, z. B. que parli „er soll reden"; solche Sätze werden immer mit que eingeleitet.

Auch für den Konjunktiv gilt die Unterscheidung von aktueller und inaktueller Ebene: In einem Satz wie tant de bo que tornessin „würden sie doch bloß wiederkommen" im Konjunktiv Imperfekt werden gegenüber tant de bo que tornin das Problematische und die Eventualität, eben das Inaktuelle betont. Daher erscheint der Konjunktiv besonders in hypothetischen und konzessiven Nebensätzen.

Da der Konjunktiv die Einstellung des Sprechers zu einer Handlung oder einem Ereignis, deren Agens oder deren Zweck ausdrückt und die Sprechereinstellung gewöhnlich in einem übergeordneten Satz (Hauptsatz) explizit gemacht wird, ist der Konjunktiv typischerweise der Modus von Nebensätzen. Für das Tempus des Konjunktivs im Nebensatz gilt die allgemeine Regel der Zeitenfolge (s. S. 80). Von einer detaillierten Behandlung der Tempora des Konjunktivs sehen wir hier ab, da sie in etwa parallel zu denen des Indikativs verwendet werden. Allerdings sind sie weniger zahlreich, so daß der Konjunktiv Präsens einem Indikativ Präsens und einem Indikativ Futur, der Konjunktiv Imperfekt einem Indikativ Perfekt und einem Indikativ Imperfekt entspricht usw. Der katalanische Konjunktiv ist mit dem Konjunktiv anderer romanischer Sprachen vergleichbar; daher kann man sich für die Verwendung des katalanischen Konjunktivs auch an anderen romanischen Sprachen orientieren.

Im einzelnen steht der Konjunktiv nach bestimmten Verben und gegebenenfalls nur, wenn das Verb negiert ist oder in einem interrogativen Satz gebraucht wird. Solche Verben sind Verben des Zweifelns oder der Unwissenheit: dubto que torni mai més „ich bezweifle, daß er jemals wiederkommt", no crec que ho hagi dit „ich glaube nicht, daß er es gesagt hat"; Verben des Fürchtens: el metge temia que la febre no li pugés „der Arzt fürchtete, daß sein Fieber steigt"; Verben der Gemütsbewegung: no m'agrada que vinguis tan tard „es gefällt mir nicht, daß du so spät kommst", li sap greu que no hi hagis anat „er bedauert, daß du nicht hingegangen bist"; Verben der Möglichkeit und Wahrscheinlichkeit: no pot ésser que s'ho creguin „es kann nicht sein, daß sie es glauben", és probable que accepti „es ist wahrscheinlich, daß er annimmt"; unpersönliche Verben und Ausdrücke: importa que ho sàpigues „es ist wichtig, daß du es weißt", no és bonic que el critiquis „es ist nicht nett, daß du ihn kritisierst", el millor consell que li puc donar és que ho llenci tot i torni a començar de nou „der beste Rat, den ich Ihnen geben kann, ist, alles wegzuwerfen und noch einmal von vorn anzufangen"; Verben der Notwendigkeit: cal que estudiïs „du mußt lernen"; Verben des Wollens: et prego que em tornis el llibre „ich bitte dich, mir das Buch zurückzugeben".

Darüber hinaus wird der Konjunktiv in hypothetischen Nebensätzen („Irrealis") gebraucht: haurien telefonat si els hagués passat alguna cosa „sie hätten angerufen, wenn ihnen etwas zugestoßen wäre". In Finalsätzen ist er obligatorisch: t'ho dic perquè li ho facis saber „ich sage es dir, damit du ihm Bescheid gibst"; sowie oft nach bestimmten Konjunktionen, z. B. encara que „obwohl": sortirem encara que plogui „wir gehen hinaus, obwohl es regnet". Aber auch sonst kann in Nebensätzen je nach der Perspektive, die der Sprecher einnimmt, der Konjunktiv stehen, etwa in Temporalsätzen: vine tan aviat com puguis „komm, sobald du kannst", quan tornis, en parlarem „wenn du wiederkommst, werden wir darüber sprechen"; oder auch in Relativsätzen: no hi ha res que justifiqui el fet de trobar-vos a dintre de casa en aquesta hora „nichts rechtfertigt die Tatsache, daß Sie sich zu dieser Zeit im Haus befinden".

Vox: Passiv

Das Passiv wird nicht paradigmatisch wie das Aktiv, sondern syntagmatisch durch Formen von ésser „sein" mit dem Partizip Perfekt ausgedrückt: sóc estimat „ich werde geliebt", fui estimat bzw. vaig ésser estimat „ich wurde geliebt" usw. Der Agens wird durch die Präposition per „durch" oder auch de „von" eingeführt: jo tanco la porta „ich schließe die Tür" – la porta és tancada per mi „die Tür wird von mir geschlossen". Das Passiv wird in der Schriftsprache ähnlich häufig wie im Deutschen und auf jeden Fall häufiger als in anderen romanischen Sprachen verwendet, aber sehr oft entspricht doch ein deutsches Passiv einem reflexiven Verb im Katalanischen, z. B. en aquell full s'explica tot „auf diesem Blatt wird alles erklärt"; diese reflexive Konstruktion wird bei bestimmten Verben vorgezogen. Weitere Möglichkeiten des Katalanischen, das deutsche Passiv oder „man" wiederzugeben, sind die Verwendung der 3. Person Plural, z. B. diuen que . . . „man sagt, daß . . .", und von hom „man" in literarischer Sprache (vgl. S. 69).

Aspektuelle Verbalperiphrasen

Die eventuellen sekundären aspektuellen Bedeutungen der Tempora haben wir meist außer acht gelassen. In diesem Abschnitt werden die Aspekte genannt, für die es im Katalanischen einen eigenen Ausdruck gibt.

Die aspektuellen Verbalperiphrasen werden, formal betrachtet, mit einem Verb, das in der Periphrase nicht seinen vollen lexikalischen Wert behält, sondern eine Auxiliarfunktion bekommt, und mit einem Partizip Perfekt, einem Gerundium oder einem Infinitiv gebildet, dem eine Präposition (a, de, per) vorausgeht.

Mit einigen Verben + Partizip Perfekt werden resultative Periphrasen gebildet. Sie sind bei transitiven Verben möglich; das Partizip wird wie beim Passiv nach Genus und Numerus verändert. Die allgemeine Periphrase dieses Typs ist tenir „haben" +

Partizip Perfekt: <u>era solter i tenia decidit d'ésser-ho tota la vida</u> „er war Junggeselle und hatte den Entschluß gefaßt, es sein Leben lang zu bleiben". Der Bezug zum Agens bzw. zum Subjekt des Satzes wird durch die Periphrase mit <u>quedar</u> betont; sie steht in der Nähe zum Passiv: <u>així les conversacions quedaven interrompudes</u> „so wurden die Gespräche unterbrochen (und blieben es)". Gegenüber <u>quedar</u> betont <u>deixar</u> „lassen" + Partizip Perfekt das Objekt: <u>la teva decisió em deixa parat</u> „deine Entscheidung macht mich sprachlos".

Der reiterative Aspekt, d. h. die Wiederholung einer Handlung, wird durch <u>tornar a</u> + Infinitiv ausgedrückt: <u>això, no tornis a dir-ho</u> „sag das nicht noch einmal".

Die übrigen Verbalperiphrasen beziehen sich auf den Verlauf einer Handlung. Diese kann vor ihrem Anfang, in ihrem Anfang, in ihrem Verlauf sowie am und nach ihrem Ende betrachtet werden. Im Deutschen kann man diese Aspektbedeutungen mit Adverbien ungefähr wiedergeben. Für den ingressiven Aspekt, d. h. für den Ausdruck der Betrachtung einer Handlung vor ihrem Beginn, stehen <u>anar a</u>, <u>anar per</u>, <u>estar per</u> + Infinitiv (zu deutsch etwa „gleich", „beinahe" o. ä.), <u>estar a punt de</u> + Infinitiv „im Begriff sein zu", zur Verfügung, z. B. <u>el tren està per arribar</u> „der Zug kommt gleich an". Für den inzeptiven Aspekt, den Beginn einer Handlung, stehen zur Verfügung: <u>posar-se a</u>, <u>rompre a</u>, <u>arrencar a</u> + Infinitiv, z. B. <u>rompre a plorar</u> „losweinen", <u>arrencar a córrer</u> „loslaufen", <u>posar-se a treballar</u> „mit der Arbeit anfangen". Wenn eine Handlung in ihrem Verlauf betrachtet werden soll, dann kann dies durch <u>estar</u> oder <u>anar</u> + Gerundium ausgedrückt werden, und zwar mit <u>estar</u> + Gerundium dann, wenn die Handlung zwischen einem Zeitpunkt vor dem Augenblick des Sprechens und einem Zeitpunkt nach diesem Augenblick betrachtet wird: <u>la Maria està pentinant-se (s'està pentinant)</u> „Maria kämmt sich gerade"; und mit <u>anar</u> + Gerundium, wenn eine Handlung im Hinblick auf ihren künftigen Verlauf, progressiv, betrachtet wird: <u>encara va plovent</u> „es regnet immer noch weiter". Schließlich kann der Endpunkt einer Handlung (konklusiver Aspekt) und ein Augenblick nach dem Endpunkt gekennzeichnet werden mit <u>acabar de</u> + Infinitiv: <u>acabem d'arribar</u> „wir kommen gerade an", „wir sind gerade angekommen".

Konjugationsparadigmen

Die einfachen Formen

1. Konjugation	2. Konjugation	3. Konjugation
cantar „singen"	perdre „verlieren"	a) servir „dienen"
		b) dormir „schlafen"

83

Partizip Präsens

„singend"	„verlierend"	„dienend"
cantant	perdent [e]	servint

Partizip Perfekt

„gesungen"	„verloren"	„gedient"
cantat	perdut	servit
cantada	perduda	servida
cantats	perduts	servits
cantades	perdudes	servides

Indikativ Präsens

„ich singe"	„ich verliere"	„ich diene"	„ich schlafe"
canto	perdo	serveixo	dormo
cantes	perds	serveixes	dorms
canta	perd	serveix	dorm
cantem [ɛ]	perdem [ɛ]	servim	dormim
canteu [ɛ]	perdeu [ɛ]	serviu	dormiu
canten	perden	serveixen	dormen

Konjunktiv Präsens

„ich singe"	„ich verliere"	„ich diene"	„ich schlafe"
canti	perdi	serveixi	dormi
cantis	perdis	serveixis	dormis
canti	perdi	serveixi	dormi
cantem	perdem	servim	dormim
canteu	perdeu	serviu	dormiu
cantin	perdin	serveixin	dormin

Imperativ

„singe"	„verliere"	„diene"	„schlafe"
canta	perd	serveix	dorm
canti	perdi	serveixi	dormi
cantem	perdem	servim	dormim
canteu	perdeu	serviu	dormiu
cantin	perdin	serveixin	dormin

Indikativ Imperfekt

„ich sang"	„ich verlor"	„ich diente"
cantava	perdia	servia
cantaves	perdies	servies
cantava	perdia	servia
cantàvem	perdíem	servíem
cantàveu	perdíeu	servíeu
cantaven	perdien	servien

Konjunktiv Imperfekt

„ich sänge"	„ich verlöre"	„ich diente"
cantés	perdés	servís
cantessis	perdessis	servissis
cantés	perdés	servís
cantéssim	perdéssim	servíssim
cantéssiu	perdéssiu	servíssiu
cantessin	perdessin	servissin

Einfaches Perfekt

„ich sang"	„ich verlor"	„ich diente"
cantí	perdí	serví
cantares	perderes	servires
cantà	perdé	serví
cantàrem	perdérem	servírem
cantàreu	perdéreu	servíreu
cantaren	perderen	serviren

Futur I

„ich werde singen"	„ich werde verlieren"	„ich werde dienen"
cantaré	perdré	serviré
cantaràs	perdràs	serviràs
cantarà	perdrà	servirà
cantarem	perdrem	servirem
cantareu	perdreu	servireu
cantaran	perdran	serviran

85

Konditional I

„ich würde singen"	„ich würde verlieren"	„ich würde dienen"
cantaria	perdria	serviria
cantaries	perdries	serviries
cantaria	perdria	serviria
cantaríem	perdríem	serviríem
cantaríeu	perdríeu	serviríeu
cantarien	perdrien	servirien

Die zusammengesetzten Formen

Indikativ

Periphrastisches Perfekt
„ich sang"
vaig cantar
vas cantar
va cantar
vam cantar
vau cantar
van cantar

Konjunktiv

Periphrastisches Perfekt
„ich sänge"
vagi cantar
vagis cantar
vagi cantar
vàgim cantar
vàgiu cantar
vagin cantar

Zusammengesetztes Perfekt
„ich habe gesungen"
he cantat
has cantat
ha cantat
hem cantat
heu cantat
han cantat

Zusammengesetztes Perfekt
„ich habe gesungen"
hagi cantat
hagis cantat
hagi cantat
hàgim cantat
hàgiu cantat
hagin cantat

1. Plusquamperfekt
„ich hatte gesungen"
havia cantat
havies cantat
havia cantat
havíem cantat
havíeu cantat
havien cantat

1. Plusquamperfekt
„ich hätte gesungen"
hagués cantat
haguessis cantat
hagués cantat
haguéssim cantat
haguéssiu cantat
haguessin cantat

Indikativ

Konjunktiv

2. Plusquamperfekt
„ich hatte gesungen"
haguí cantat
hagueres cantat
hagué cantat
haguérem cantat
haguéreu cantat
hagueren cantat

2. Plusquamperfekt
(periphrastisch)
„ich hatte gesungen"
vaig haver cantat
vas haver cantat
va haver cantat
vam haver cantat
vau haver cantat
van haver cantat

2. Plusquamperfekt
(periphrastisch)
„ich hätte gesungen"
vagi haver cantat
vagis haver cantat
vagi haver cantat
vàgim haver cantat
vàgiu haver cantat
vagin haver cantat

Futur II
„ich werde gesungen haben"
hauré cantat
hauràs cantat
haurà cantat
haurem cantat
haureu cantat
hauran cantat

Konditional II
„ich hätte gesungen"
„ich würde gesungen haben"
hauria oder haguera cantat
hauries oder hagueres cantat
hauria oder haguera cantat
hauríem oder haguérem cantat
hauríeu oder haguéreu cantat
haurien oder hagueren cantat

87

Unregelmäßige Verbparadigmen

In der folgenden Liste werden nur die wichtigeren unregelmäßigen Verben angeführt, und es werden nur die Formen genannt, die unregelmäßig sind. Nicht genannt wird z. B. gewöhnlich das Konditional, weil es sich immer aus dem Futur ergibt: sabré – sabria. Wenn die übrigen Formen eines Tempus sich aus der 1. Person Singular regelmäßig ergeben, dann wird nur diese 1. Person genannt. So ergeben sich aus tingui, der 1. Person Singular des Konjunktivs Präsens von tenir, ohne weiteres die Formen tinguis, tingui, tinguem, tingueu, tinguin.

Die regelmäßige und obligatorische orthographische Variation innerhalb eines Paradigmas soll hier nur beiläufig erwähnt werden, denn sie ist keine eigentliche Unregelmäßigkeit im Verbparadigma. Bei Verben auf -gar, -car, -guar, -quar, -jar und -çar wird g, c, gu, qu, j und ç jeweils durch gu, qu, gü, qü, g und c vor e und i ersetzt: pregar „bitten", pregues, preguen, pregui; trencar „brechen", trenques, trenquen, trenqui, envejar „beneiden", enveges, envegen, envegi; començar „anfangen", comences, comencen, comenci usw.

absoldre „freisprechen", „die Absolution erteilen": Ger. absolent, Präs. absolc, absols, Konj. Präs. absolgui, Konj. Impf. absolgués, Perf. absolguí, absolgueres, Part. Perf. absolt.

anar „gehen": Imp. vés, Präs. vaig, vas, va, anem, aneu, van, Konj. Präs. vagi, vagis, vagi, anem, aneu, vagin, Fut. aniré oder iré.

aprendre „lernen", „erfahren": Ger. aprenent, Imp. aprèn, Präs. aprenc, aprens, aprèn, aprenem, apreneu, aprenen, Konj. Präs. aprengui, Konj. Impf. aprengués, Perf. aprenguí, aprengueres, Part. Perf. après, apresa.

atendre „aufmerksam sein", „zuhören": Ger. atenent, Imp. atén, Präs. atenc, atens, atén, atenem, ateneu, atenen, Konj. Präs. atengui, Konj. Impf. atengués, Perf. atenguí, Part. Perf. atés, atesa.

beure „trinken": Ger. bevent, Imp. beu, Präs. bec, beus, beu, bevem, beveu, beuen, Konj. Präs. begui, Konj. Impf. begués, Perf. beguí, Part. Perf. begut.

cabre „Platz haben": Imp. cap, Präs. cabo, caps, cap, cabem, cabeu, caben, Konj. Präs. càpiga, càpigues.

caldre „nötig sein", „müssen": Ger. calent, Präs. cal, calen, Konj. Präs. calgui, Konj. Impf. calgués, Perf. calgué, Part. Perf. calgut.

caure „fallen": Ger. caient, Imp. cau, Präs. caic, caus, cau, caiem, caieu, cauen, Konj. Präs. caigui, Konj. Impf. caigués, Impf. queia, queies, queia, quèiem, quèieu, queien, Perf. caiguí, caigueres, Part. Perf. caigut.

cloure „schließen": Ger. cloent, Imp. clou, Präs. cloc, clous, clou, cloem, cloeu, clouen, Konj. Präs. clogui, Impf. cloïa, cloïes, cloïa, cloíem, cloíeu, cloïen, Perf. cloguí, clogueres, Part. Perf. clos.

collir „pflücken", „aufheben": Imp. cull, Präs. cullo, culls, cull, collim, colliu, cullen, Konj. Präs. culli, cullis, culli, collim, colliu, cullin.

concebre „empfangen", „begreifen": Imp. concep, Präs. concebo, conceps, concep, concebem, concebeu, conceben.

conèixer „kennen": Imp. coneix, Präs. conec, coneixes, coneix, coneixem, coneixeu, coneixen, Konj. Präs. conegui, Konj. Impf. conegués, Perf. coneguí, conegueres, Part. Perf. conegut.

córrer „laufen": Imp. corre, Präs. corro, corres, corre, correm, correu, corren, Konj. Präs. corri, Konj. Impf. corregués, Perf. correguí, corregueres, Part. Perf. corregut.

cosir „nähen": Imp. cus, Präs. cuso, cuses, cus, cosim, cosiu, cusin, Konj. Präs. cusi, cusis, cusi, cosim, cosiu, cusin.

coure „kochen", „braten", „backen": Ger. coent, Imp. cou, Präs. coc, cous, cou, coem, coeu, couen, Konj. Präs. cogui, Impf. coïa, coïes, coïa, coíem, coíeu, coïen, Konj. Impf. cogués, Perf. coguí, cogueres, Part. Perf. cogut.

créixer „wachsen": Imp. creix, Präs. creixo, creixes, creix, creixem, creixeu, creixen, Konj. Präs. creixi, Konj. Impf. creixés, Perf. creixí, creixeres, Part. Perf. crescut.

creure „glauben": Ger. creient, Imp. creu, Präs. crec, creus, creu, creiem, creieu, creuen, Konj. Präs. cregui, Impf. creia, creies, creia, crèiem, crèieu, creien, Konj. Impf. cregués, Perf. creguí, cregueres, Part. Perf. cregut.

deure „müssen": Ger. devent, Imp. deu, Präs. dec, deus, deu, devem, deveu, deuen, Konj. Präs. degui, Impf. devia, Konj. Impf. degués, Perf. deguí, degueres, Part. Perf. degut.

dir „sagen": Ger. dient, Imp. digues, Präs. dic, dius, diu, diem, dieu, diuen, Konj. Präs. digui, Impf. deia, deies, deia, dèiem, dèieu, deien, Konj. Impf. digués, Perf. diguí, digueres, Part. Perf. dit, dita.

doldre's „(sich be)klagen": Ger. dolent, Imp. dol, Präs. dolc, dols, dol, dolem, doleu, dolen, Konj. Präs. dolgui, Konj. Impf. dolgués, Perf. dolguí, dolgueres, Part. Perf. dolgut.

dur „tragen": Ger. duent, Imp. duu (und du), Präs. duc, duus (dus), duu (du), duem, dueu, duen, Konj. Präs. dugui, Impf. duia, duies, duia, dúiem, dúieu, duien, Konj. Impf. dugués, Perf. duguí, dugueres, Part. Perf. dut, duta.

escopir „spucken": Imp. escup, Präs. escupo, escups, escup, escopim, escopiu, escupen, Konj. Präs. escupi, escupis, escupi, escopim, escopiu, escupin.

escriure „schreiben": Ger. escrivint, Imp. escriu, Präs. escric, escrius, escriu, escrivim, escriviu, escriuen, Konj. Präs. escrigui, Impf. escrivia, Konj. Impf. escrivís (escrigués), Perf. escriví, escrivires (escrigué, escrigueres), Part. Perf. escrit, escrita.

ésser (ser) „sein": Ger. essent (sent), Imp. sigues, Präs. sóc, ets, és, som, sou, són, Konj. Präs. sigui, Impf. era, eres, era, érem, éreu, eren, Konj. Impf. fos, fossis, fos,

89

fóssim, fóssiu, fossin, Perf. fui, fores, fou, fórem, fóreu, foren, Fut. seré, Konditional neben seria auch fóra, fores, fóra, fórem, fóreu, foren, Part. Perf. estat (sigut).

estar „sein": Imp. estigues, Präs. estic, estàs, està, estem, esteu, estan, Konj. Präs. estigui, Konj. Impf. estigués, Perf. estiguí, estigueres.

fer „machen", „tun": Ger. fent, Imp. fes, Präs. faig, fas, fa, fem, feu, fan, Konj. Präs. faci, facis, faci, fem (facem), feu, facin, Impf. feia, feies, feia, fèiem, fèieu, feien, Konj. Impf. fes, Perf. fiu, feres, féu, férem, féreu, feren, Part. Perf. fet, feta.

fondre „schmelzen": Ger. fonent, Imp. fon, Präs. fonc, fons, fon, fonem, foneu, fonen, Konj. Präs. fongui, Impf. fonia, Konj. Impf. fongués, Perf. fonguí, fongueres, Part. Perf. fos, fosa.

fugir „fliehen": Imp. fuig, Präs. fujo, fuges, fuig, fugim, fugiu, fugen, Konj. Präs. fugi.

haver „haben" (Hilfsverb): Präs. he, has, ha, havem/hem, haveu/heu, han, Konj. Präs. hagi, hagis, hagi, hàgim, hàgiu, hagin, Konj. Impf. hagués, Perf. haguí, Fut. hauré, Konditional (Nebenform) haguera, hagueres, haguera, haguérem, haguéreu, hagueren, Part. Perf. hagut.

jeure „liegen": Ger. jaient, Imp. jeu, Präs. jec, jeus, jeu, jaiem, jaieu, jeuen, Konj. Präs. jegui, jeguis, jegui, jaguem, jagueu, jeguin, Impf. jeia, jeies, jeia, jèiem, jèieu, jeien, Konj. Impf. jagués, Perf. jaguí, jagueres, Fut. jauré, Part. Perf. jagut.

lluir „leuchten": Imp. lluu (llu), Präs. lluo, lluus, lluu (llu), lluïm, lluïu, lluen, Konj. Präs. lluï.

mantenir „(aufrecht-, er-)halten": Imp. mantén/mantingues, Präs. mantinc, mantens, manté, mantenim, manteniu, mantenen, Konj. Präs. mantingui, Konj. Impf. mantingués, Perf. mantinguí, mantingueres, Fut. mantindré, Part. Perf. mantingut.

merèixer „verdienen": Imp. mereix, Präs. mereixo, mereixes, mereix, mereixem, mereixeu, mereixen, Konj. Präs. mereixi, mereixis, mereixi, mereixem (meresquem), mereixeu (meresqueu), mereixin, Konj. Impf. mereixés (meresqués), Perf. mereixí (meresquí), Part. Perf. merescut.

moldre „mahlen": Ger. molent, Imp. mol, Präs. molc, mols, mol, molem, moleu, molen, Konj. Präs. molgui, Impf. molia, Konj. Impf. molgués, Perf. molguí, molgueres, Part. Perf. mòlt.

moure „bewegen": Ger. movent, Imp. mou, Präs. moc, mous, mou, movem, moveu, mouen, Konj. Präs. mogui, Impf. movia, Konj. Impf. mogués, Perf. moguí, mogueres, Part. Perf. mogut.

néixer „geboren werden": Ger. naixent, Imp. neix, Präs. neixo, neixes, neix, naixem, naixeu, neixen, Konj. Präs. neixi, neixis, neixi, naixem (nasquem), naixeu (nasqueu), neixin, Impf. naixia, Konj. Impf. naixés (nasqués), Perf. naixí (nasquí), Fut. naixeré, Part. Perf. nascut.

Verbalsystem

ofendre „beleidigen": Ger. ofenent, Imp. ofèn, Präs. ofenc, ofens, ofèn, ofenem, ofeneu, ofenen, Konj. Präs. ofengui, Impf. ofenia, Konj. Impf. ofengués, Perf. ofenguí, Part. Perf. ofès, ofesa.

omplir „füllen": Imp. omple, Präs. omplo, Part. Perf. omplert.

plaure „gefallen": Ger. plaient, Imp. plau, Präs. plac, plaus, plau, plaem, plaeu, plauen, Konj. Präs. plagui, Impf. plaïa, plaïes, plaïa, plaíem, plaíeu, plaïen, Konj. Impf. plagués, Perf. plaguí, Part. Perf. plagut.

ploure „regnen": Ger. plovent, Präs. plou, Konj. Präs. plogui, Impf. plovia, Konj. Impf. plogués, Perf. plogué, Part. Perf. plogut.

poder „können": Imp. pugues, Präs. puc, pots, pot, podem, podeu, poden, Konj. Präs. pugui, Konj. Impf. pogués, Perf. poguí, Part. Perf. pogut, Fut. podré.

prendre „nehmen": Ger. prenent, Imp. pren, Präs. prenc, prens, pren, prenem, preneu, prenen, Konj. Präs. prengui, Impf. prenia, Konj. Impf. prengués, Perf. prenguí, Part. Perf. pres, presa.

respondre „antworten": Ger. responent, Imp. respon, Präs. responc, respons, respon, responem, responeu, responen, Konj. Präs. respongui, Imp. responia, Konj. Impf. respongués, Perf. responguí, Part. Perf. respost.

riure „lachen": Ger. rient, Imp. riu, Präs. ric, rius, riu, riem, rieu, riuen, Konj. Präs. rigui, Impf. reia, Konj. Impf. rigués, Perf. riguí, Part. Perf. rigut.

romandre „bleiben": Ger. romanent, Imp. roman, Präs. romanc, romans, roman, romanem, romaneu, romanen, Konj. Präs. romangui, Impf. romania, Konj. Impf. romangués, Perf. romanguí, Part. Perf. romàs, romasa.

saber „wissen": Imp. sàpigues, Präs. sé, saps, sap, sabem, sabeu, saben, Konj. Präs. sàpiga, Fut. sabré.

seure „sitzen": Ger. seient, Imp. seu, Präs. sec, seus, seu, seiem, seieu, seuen, Konj. Präs. segui, Impf. seia, Konj. Impf. segués, Part. Perf. segut.

soler „gewohnt sein (+ Infinitiv)": Präs. solc, sols, sol, solem, soleu, solen, Konj. Präs. solgui, Konj. Impf. solgués, Perf. solguí, Fut. soldré, Part. Perf. solgut.

sortir „hinausgehen": Imp. surt, Präs. surto, surts, surt, sortim, sortiu, surten, Konj. Präs. surti, surtis, surti, sortim, sortiu, surtin.

tenir „haben": Imp. té/ten/tingues, Präs. tinc, tens, té, tenim, teniu, tenen, Konj. Präs. tingui, Konj. Präs. tingués, Perf. tinguí, Fut. tindré, Part. Perf. tingut.

tossir „husten": Imp. tus, Präs. tusso, tusses, tus, tossim, tossiu, tussen, Konj. Präs. tussi, tussis, tussi, tossim, tossiu, tussin.

treure „ziehen": Ger. traient, Imp. treu, Präs. trec, treus, treu, traiem, traieu, treuen, Konj. Präs. tregui, treguis, tregui, traguem, tragueu, treguin, Impf. treia, treies, treia, trèiem, trèieu, treien, Konj. Impf. tragués, Perf. traguí, Fut. trauré, Part. Perf. tret, treta.

91

valer „wert sein", „gelten": Imp. val, Präs. valc, vals, val, valem, valeu, valen, Konj.
Präs. valgui, Konj. Impf. valgués, Perf. valguí, Fut. valdré, Part. Perf. valgut.
vendre „verkaufen": Ger. venent, Imp. ven, Präs. venc, vens, ven, venem, veneu,
venen, Konj. Präs. vengui, Impf. venia, Konj. Impf. vengués, Perf. venguí, Part. Perf.
venut.
venir „kommen": Imp. vine/vina, Präs. vinc, véns, ve, venim, veniu, vénen, Konj.
Präs. vingui, Konj. Impf. vingués, Perf. vinguí, Fut. vindré, Part. Perf. vingut.
veure „sehen": Ger. veient, Imp. veges/ves, Präs. veig, veus, veu, veiem, veieu,
veuen, Konj. Präs. vegi, Impf. veia, veies, veia, vèiem, vèieu, veien, Konj. Impf. veiés,
Perf. viu, veres oder veieres, véu oder veié, vérem oder veiérem, véreu oder veiéreu,
veren oder veieren, Part. Perf. vist.
viure „leben": Ger. vivint, Imp. viu, Präs. visc, vius, viu, vivim, viviu, viuen, Konj.
Präs. visqui, Impf. vivia, Konj. Impf. visqués, Perf. visquí, Part. Perf. viscut.
voler „wollen": Imp. vulgues, Präs. vull, vols, vol, volem, voleu, volen, Konj. Präs.
volgui, Konj. Impf. volgués, Perf. volguí, Fut. voldré, Part. Perf. volgut.

Das Adverb

Die Bestimmungen, die bei einer Verbalhandlung immer mindestens implizit
gegeben sind und die explizit unter anderem durch Adverbien ausgedrückt werden
können, sind die Art und Weise, der Ort und die Zeit. Für die Adverbien der Art und
Weise oder Modaladverbien existiert ein besonderes Wortbildungsverfahren, die
Adverbialbildung mit dem Suffix -ment. Den nach diesem Verfahren gebildeten
Adverbien liegt das Femininum des Adjektivs zugrunde: lent, lenta → lentament
„langsam", feliç → feliçment „glücklich", „glücklicherweise". In dieser Gruppe gibt
es einige unregelmäßige Adverbien, z. B. bo, bona → bé, ben (vor Adjektiv und
Adverb) „gut", „wohl", millor → millor und més bé „besser", mal, mala → mal
„schlecht" (malament hat eine spezifische Bedeutung), pitjor → pitjor und més
malament „schlechter", „schlimmer". Das entsprechende interrogative Adverb ist
com „wie", und das dazu gehörige deiktische Adverb ist així „so", das durch d'aquesta
manera explizit gemacht werden kann. Bei Koordination von Adverbien auf -ment
kann in der Literatursprache das -ment des zweiten Adverbs wegfallen; so schreibt
man statt pobrament i honestament oft pobrament i honesta „arm und ehrlich".
Das interrogative Adverb für den Ort ist on „wo", „wohin" sowie d'on „woher".
Die deiktischen Adverbien der allgemeinsten Art sind hi „hier", „dort" und en „von
dort". Mit den Demonstrativpronomina des Orts korrespondieren die Ortsadverbien
ací „hier" für den Ort der 1. Person (nur noch literarisch), aquí „hier" für den Ort
der 2. Person, allà „dort", „da" für den Ort der 3. Person und die Richtungsadverbien

cap aquí „hierher", cap allà „dorthin". In einigen Fällen wird das Sich-Befinden an einem Ort und die Bewegung in Richtung auf einen Ort unterschieden: (a) dins „drinnen", endins „nach drinnen"; (a) fora „draußen" (aber auch „raus!"), enfora „nach draußen"; (a) davant „vorn", endavant „nach vorn", „vorwärts"; (a) darrera „hinten", endarrera „nach hinten", „rückwärts". Weitere Adverbien der räumlichen Gestaltung sind (a) dalt „oben", (a) baix „unten"; (a) sobre und dessobre „darauf", „oben", (a) sota und dessota „darunter", „unten"; amunt „aufwärts", avall „abwärts"; enlaire „nach oben", „hoch"; (a) prop und a la vora „nahe", lluny „fern". Dt. „überall" und „nirgends" entsprechen pertot arreu und no . . . enlloc.

Nach der Zeit kann man mit quan „wann" fragen. Deiktische Zeitadverbien sind ara „jetzt", adés „soeben", „sogleich", aleshores (literarisch) und llavors „dann", „damals"; abans „vorher", „früher", després „nachher", „später"; avui „heute", demà „morgen", ahir „gestern"; ja „schon", encara „(immer) noch", aviat „bald", tard „spät"; sempre und tothora (literarisch) „immer(zu)", no . . . mai „niemals", no . . . mai més „nie mehr", sovint „oft".

Mit quant, quanta usw. (s. S. 69) kann nach der Quantität („wieviel") und nach dem Grad („wie sehr") gefragt werden. Die Adverbien dieser Gruppe determinieren im Gegensatz zu den vorgenannten nicht nur Verben, sondern auch Adjektive und Adverbien. Zu ihnen sind zu zählen: molt „viel", „sehr", més „mehr", poc „wenig", menys „weniger", prou „genug" (d. h. es reicht), bastant „genug", „ziemlich", força „(sehr) viel", „sehr", massa „zu viel", gaire (bei Frage, Negation oder Bedingung) „sehr", „viel", tant „so viel", „so sehr", tan (vor Adjektiven oder Adverbien) „so (sehr)", mig „halb", almenys und si més no (literarisch) „wenigstens", „mindestens".

Zu den Adverbien gehören auch einige Wörter, die in den katalanischen Grammatiken bei den koordinierenden Konjunktionen behandelt werden, so etwa tanmateix „dennoch", amb tot und així i tot „trotzdem", doncs „also", així und per tant „folglich", altrament „sonst", „andernfalls". Mit diesen Adverbien wird eine Folge, eine Alternative, eine Bedingung, ein Gegensatz usw. angegeben (s. auch S. 95).

Die restlichen Adverbien haben einen anderen Status, da man nach ihnen nicht fragen kann. Es sind dies Satzadverbien wie potser, tal vegada und tal volta „vielleicht" oder Adverbien, mit denen unter anderem einzelne Satzglieder hervorgehoben werden: només und solament „nur", també „auch", no . . . tampoc „auch nicht", ni tan sols „noch nicht einmal", fins, fins i tot und àdhuc (literarisch) „sogar". Auch nachgestelltes i tot allein kann einem „sogar" entsprechen: el mestre i tot „sogar der Lehrer".

Relationselemente

Negation

Die allgemeinste Negation ist <u>no</u> „nicht", die vor dem Verb bzw. den unbetonten Pronomina steht, wenn diese dem Verb vorausgehen; sie negiert dann den ganzen Satz: <u>no han arribat encara</u> „sie sind noch nicht angekommen". Wenn aber nur ein Satzteil oder ein Element eines Satzes negiert werden soll, dann steht <u>no</u> vor diesem Satzteil bzw. vor diesem Element: <u>no tots diuen el mateix</u> „nicht alle sagen dasselbe". Abweichend vom Deutschen steht in Nebensätzen nach Verben des Fürchtens <u>no</u>: <u>tinc por que no arribin tard</u> „ich fürchte, daß sie zu spät ankommen"; gleiches gilt auch für Vergleichssätze nach <u>més</u> „mehr", <u>menys</u> „weniger", <u>millor</u> „besser": <u>dóna més que no promet</u> „er gibt mehr, als er verspricht".

Die Verbindung von Negation und Koordination <u>no</u> . . . <u>ni</u> bzw. <u>ni</u> . . . <u>ni</u> . . . <u>ni</u> „weder . . . noch" ausgedrückt: <u>no neva ni plou</u> „weder schneit es noch regnet es", <u>no vull l'un ni l'altre</u> „ich will weder das eine noch das andere", <u>no m'agrada ni l'un ni l'altre</u> „mir gefällt weder das eine noch das andere".

Die Negation zu <u>també</u> „auch" ist <u>no</u> . . . <u>tampoc</u> „auch nicht": <u>l'endemà tampoc no feia bon temps</u> „auch am folgenden Tag war kein gutes Wetter". Die Entsprechung zu nachgestelltem . . . <u>i tot</u> „sogar" ist . . . <u>ni res</u> „nicht einmal": <u>no m'ha salutat ni res</u> „er hat mich noch nicht einmal gegrüßt"; und <u>no</u> . . . <u>ni</u>: <u>el desconegut no es va ni moure</u> „der Unbekannte bewegte sich noch nicht einmal". Für „nur", „bloß" steht im Katalanischen <u>no</u> . . . <u>sinó</u> zur Verfügung: <u>no feia sinó plorar</u> „er weinte bloß". Eine verstärkende Negation ist auch <u>no</u> . . . <u>gens</u> „durchaus nicht", „gar nicht": <u>no té gens de paciència</u> „er hat überhaupt keine Geduld".

Am häufigsten adversative Bedeutung hat <u>no</u> . . . <u>pas</u>, etwa „doch nicht": <u>no cantarà pas</u> „er wird *doch* nicht singen". Diese Negationspartikel kann auch einzelne Satzteile negieren: <u>jo no ho diré pas a ningú</u> „ich sage es doch niemandem (weiter)". In Befehls- oder Wunschsätzen u. ä. entspricht <u>no</u> . . . <u>pas</u> einem „bloß nicht": <u>no ho facis pas</u> „tu es bloß nicht". Dagegen wird <u>no pas</u> „aber nicht" in elliptischen Sätzen verwendet, wenn ein Teil des Inhalts eines anderen Satzes negiert werden soll: <u>sempre surt − no pas quan plou</u> „er geht immer aus, aber nicht wenn es regnet".

Für die Negation einiger Pronomina und einiger deiktischer Adverbien existieren besondere Formen wie no . . . ningú: no he vist ningú „ich habe niemanden gesehen"; no . . . res „nichts": no m'ha donat res „er hat mir nichts gegeben"; no . . . enlloc „nirgends": no el trobem enlloc „wir finden ihn nirgends"; no . . . mai „niemals" und no . . . mai més „nie mehr": no ve mai „er kommt nie". Soll eine negative Antwort auf eine partielle Frage gegeben werden, dann darf no nicht erscheinen, wenn das Verb fehlt: no el trobeu enlloc? – Enlloc „findet ihr ihn nirgends? – Nirgends", qui ha vingut avui? – Avui ningú „wer ist heute gekommen? – Heute niemand". In dieser Weise werden auch res, cap „kein", gens, mai, tampoc verwendet.

Die Wörter ningú, cap, res, enlloc, mai, gens kommen auch in positiver Bedeutung vor als „jemand", „irgendein", „etwas", „irgendwo", „jemals", „etwas", und zwar in direkten und indirekten Fragesätzen, in Bedingungssätzen und in noch einigen anderen Nebensatztypen wie konzessiven Nebensätzen, bestimmten Relativsätzen usw. sowie nach sense „ohne". Beispiele: l'has vist mai per aquí? „hast du ihn jemals hier gesehen?", demana-li si en sap res „frage ihn, ob er etwas davon weiß", si et donen res, no ho prenguis „wenn sie dir etwas geben, nimm es nicht", és l'home més extraordinari que hagis mai vist „er ist der außerordentlichste Mensch, den du jemals gesehen hast", sense cap falta „ohne jeden (irgendeinen) Fehler".

Koordinierende Konjunktionen

Die kopulative Konjunktion ist i „und"; negiert hat diese Konjunktion die Form no . . . ni bzw. no . . . ni . . . ni „weder . . . noch" (s. S. 94). Die disjunktive Konjunktion ist o „oder" und bei expliziter Alternative zwischen zwei und mehr Elementen o . . . o „entweder . . . oder": o és veritat o és mentida „entweder stimmt es oder es ist gelogen". Mit o, o sia oder o sigui kann auch eine nähere Erläuterung eingeleitet werden: el protagonista, o sia el personatge principal de l'obra „der Held oder die Hauptperson des Werks". Eine adversative Relation wird im Katalanischen durch però ausgedrückt, das am Anfang eines Satzes einem „aber" und nachgestellt einem „jedoch" entspricht: voldria comprar aquella casa, però no té els diners necessaris „er möchte gerne das Haus dort kaufen, aber er hat nicht das Geld dazu"; ell t'ho cedirà tot, amb la condició, però, que li resti alguna cosa per a viure „er will dir alles überlassen, unter der Bedingung jedoch, daß ihm etwas zum Leben übrigbleibt". Wie deutsch „sondern" wird adversatives sinó verwendet: no ho ha fet ell sinó el seu amic „nicht er, sondern sein Freund hat es getan". Unter den kausalen Bestimmungen ist archaisch-literarisches car „denn" koordinierend; dagegen kann perquè einem koordinierenden „denn" und einem subordinierenden „weil" entsprechen (s. auch S. 93).

95

Präpositionen

Im Katalanischen unterscheidet man unbetonte und betonte Präpositionen, Kombinationen von betonten mit unbetonten Präpositionen sowie präpositionale Wendungen. Die unbetonten Präpositionen sind a, en, de, per, per a und amb. Mit a, de und per wird der maskuline Artikel kontrahiert (s. S. 57). Und a, de, en können nicht vor der Konjunktion que stehen. Während man also sagen muß es queixaven de tu „sie beklagten sich über dich", muß es vor que heißen es queixaven que els tractaves malament „sie beklagten sich (darüber), daß du sie schlecht behandelst".

Nun zu den Einzelheiten der unbetonten Präpositionen:

a kann wie im Spanischen vor dem direkten personalen Objekt stehen, was jedoch nur vor einem betonten Personalpronomen (z. B. a ell „ihn"), vor tothom „jeder", tots „alle" und einigen anderen Pronomina als korrekt gilt. Die normative Grammatik empfiehlt aber generell die Vermeidung von a in diesem Fall; der Satz qui has trobat? „wen hast du getroffen?" sei dem Satz a qui has trobat? vorzuziehen (vgl. auch in Text 4 a l'Eugeni). Dagegen muß das indirekte Objekt immer mit a eingeführt werden: escrivia al seu amic „er schrieb seinem (an seinen) Freund". Bei zahlreichen Verben gehört a zur Rektion, z. B. bei acostumar(-se) a „(sich) gewöhnen an". Mit a wird ferner im Gegensatz zu anderen romanischen Sprachen sowohl das Sich-Befinden an einem Ort als auch die Bewegungsrichtung zu einem Ort hin ausgedrückt: ens vam veure al teatre „wir sahen uns im Theater"; anem al teatre „wir gehen ins Theater"; a Catalunya „in/nach Katalonien". Wenn a bei Zeitangaben steht, dann bezeichnet es das Ende eines Zeitraums wie „bis zu": del matí al vespre „vom Morgen bis zum Abend"; oder den Zeitpunkt: a les dues „um zwei (Uhr)". Die Präposition a erscheint ebenfalls in zahlreichen fixierten Wendungen, z. B. a peu „zu Fuß". (Zur Verwendung von a in Infinitivkonstruktionen und Verbalperiphrasen s. S. 73 und S. 82–83)

en steht vor Ortsangaben statt a, wenn un „ein", algun „irgendein" oder ein Demonstrativpronomen folgt: havien anat en aquella casa „sie waren zu dem Haus dort gegangen". Sonst gibt en den Zeitraum an: fer una cosa en quinze dies „etwas in 14 (kat. 15) Tagen machen"; oder diese Präposition gehört zur Rektion von bestimmten Verben: pensar en alguna persona „an jemanden denken". (S. auch zur Infinitivkonstruktion mit en S. 73)

de, vor Vokal und h- d', entspricht meistens „von", „aus" (räumlich, zeitlich, Herkunft usw.): sortir de casa „aus dem Haus gehen", partir d'un principi „von einem Grundsatz ausgehen". Wenn de vor der Angabe einer Ursache, eines Grunds, eines Mittels steht, entspricht es „vor", „mit", „von" usw.: plorar de ràbia „vor Wut weinen", cobrir-se de glòria „sich mit Ruhm bedecken". Auch zwischen zwei Substantiven ist der Nexus üblicherweise de. Die deutschen Entsprechungen zu solchen Nominalgruppen sind oftmals Komposita und bei Maßangaben juxtaponierte Substantive: aigua de pluja „Regenwasser", una dotzena d'ous „ein Dutzend Eier", una tassa de te „eine Tasse Tee". Auch in sog. appositiven Konstruktionen steht de: l'illa de Mallorca „die Insel Mallorca", el mes de maig „der Monat Mai", el nom de Joan „der Name Joan". Die Präposition de gehört ferner zur Rektion von bestimmten Verben wie recordar-se „sich erinnern", abstenir-se „sich enthalten" und von bestimmten Adjektiven wie ple (ple de prejudicis „voller Vorurteile"), culpable (culpable d'un crim „eines Verbrechens schuldig"), curt (curt de cames „kurzbeinig"), dur „hart" (dur d'orella „schwerhörig"). Wenn ein Infinitiv oder eine Infinitivkonstruktion Subjekt eines Satzes ist und nachgestellt wird, dann wird de zur Einführung des Infinitivs empfohlen: no m'era permès d'anar-hi „es war mir nicht erlaubt, dort hinzugehen"; in der gesprochenen Sprache sind in solchen Fällen Konstruktionen ohne de üblicher. De gehört schließlich zur Morphologie von zusammengesetzten Präpositionen und präpositionalen Wendungen: prop de „in der Nähe von", „bei", al darrera de „hinter", al dessota de „unter", a la dreta de „rechts von", abans de „vor" (zeitlich), després de „nach" (zeitlich) usw. Bei dins „in(nerhalb)", fora „außerhalb", davant „vor" (räumlich), vora „bei", „neben" sind in präpositionaler Funktion Formen mit und ohne de möglich (vgl. bes. auch S. 67 und ferner S. 65, 70, 82).

amb [əm] wird ähnlich wie „mit" verwendet: amb els meus diners „mit meinem Geld". Nur in Verbindung mit Nomina qualitatis und Nomina actionis entspricht amb anderen Präpositionen im Deutschen (bzw. überhaupt anderen Ausdrücken): amb amenaces „unter Drohungen".

per [pər] findet besonders zahlreiche und unterschiedliche Verwendungen. In räumlicher Bedeutung entspricht es „durch": per la finestra „durch das Fenster". Bei Zeitangaben gibt per den Zeitraum an: va venir per Nadal „er kam zu Weihnachten", per tres dies „für drei Tage". Es wird mit dieser Präposition die Art und Weise ausgedrückt („in", „mit"): per broma „im Spaß", per força „mit Gewalt"; weiterhin der Grund („wegen", „aus"): per por al càstig „aus Furcht vor Strafe"; oder eine benefaktive Bedeutung: pregar per algú „für jemanden beten". Vor Infinitivkonstruktionen hat per („um . . . zu") kausale und finale Bedeutung: hi aniré per fer-li companyia „ich werde hingehen, um ihm (ihr) Gesellschaft zu leisten". Per „pro" erscheint in distributiven Ausdrücken: per dia „pro Tag", per setmana „pro Woche". Es entspricht einem „für", „anstelle": vinc jo per ell „ich komme für ihn"; und einem „für", „als" in prädikativen Konstruktionen: tothom el tenia per lladre „jeder hielt ihn für einen Dieb", em va prendre pel meu germà „er hielt mich für meinen Bruder" (d. h. „er verwechselte mich mit meinem Bruder"). (S. auch S. 82)

per a „nach" gibt eine Bewegungsrichtung auf einen Ort hin an (meist sagt man dafür aber cap a): un tren per a Madrid „ein Zug nach Madrid", un vapor per a Mallorca „ein Dampfer nach Mallorca"; einen bestimmten Zeitpunkt wie „für": ens han invitat per a demà „sie haben uns für morgen eingeladen". Wie „für", „zu" hat es finale Bedeutung: aquest oli no és bo per a cuinar „dieses Öl taugt nicht zum Kochen", hi ha una carta per al teu germà „ein Brief für deinen Bruder ist da", un llibre per a infants „ein Buch für Kinder". Ebenfalls finale Bedeutung, diesmal aber wie „um . . . zu", hat per in Infinitivkonstruktionen, die von einem Substantiv, einem Adjektiv oder einem Adverb abhängig sind: tot això no era prou per a deixar-los convençuts „das alles reichte nicht aus, um sie zu überzeugen".

Die betonten Präpositionen haben genauer umgrenzte Bedeutungen und zugleich auch genauere Entsprechungen zum Deutschen, so daß die wichtigeren mehr oder weniger nur aufgezählt zu werden brauchen: entre „zwischen", „unter" (entre nosaltres „unter uns"), contra „gegen", sobre „auf", „über", sota „unter", ultra „außer", vora „in der Nähe von", „bei", durant „während", malgrat „trotz", „gegen den Willen von" (malgrat nostre „gegen unseren Willen"), segons „gemäß", „nach", „zufolge". Sense „ohne" wird auch für Infinitivkonstruktionen verwendet; statt der positiven Proformen im Deutschen stehen im Katalanischen negative: sense dir res a ningú „ohne jemandem etwas zu sagen" (s. auch S. 95). Für „bis" (räumlich und zeitlich) sagt man im Katalanischen fins a, außer wenn Proformen folgen; in diesem Fall lautet die Präposition fins: fins demà „bis morgen".

Häufigere zusammengesetzte Präpositionen sind: cap a „zu", „nach": anar cap al port „zum Hafen gehen"; des de „seit", „von . . . an", „von . . . aus": des de demà passat „von übermorgen an", escrivia des de París „er schrieb von Paris". In diese Gruppe gehört auch fins a „bis". Vora und malgrat (vgl. malgrat nostre) können mit de kombiniert werden (s. auch de).

Von der großen Zahl der präpositionalen Wendungen sollen hier nur einige Beispiele angeführt werden, aus denen ihre Morphologie hervorgeht: a causa de „wegen", a pesar de „trotz", a través de „durch . . . hindurch", en lloc de „anstelle von", gràcies a „dank" usw.

Subordinierende Konjunktionen

Die einfachen subordinierenden Konjunktionen sind que [kə] „daß", si „ob", „wenn", com „wie", mentre [-e-] „während", puix „da (ja)" sowie quan „wenn" (zeitlich!) und on „wo". Von diesen Konjunktionen ist que unbetont und vielleicht kann auch si als unbetont gelten. Statt der einfachen Konjunktionen wird die Kombination mit que bei puix, mentre und com meist vorgezogen: puix que „da", „weil", mentre que „während", com que „da", „weil".

Die übrigen Konjunktionen sind alle mit que, seltener mit com oder mit si zusammengesetzt; das erste Element ist ein Adverb, eine Präposition, ein präpositionaler Ausdruck oder ein Partizip: encara que „obgleich", tot seguit que „sowie", sense que „ohne daß", „vorausgesetzt, daß", malgrat que „obgleich", segons que und segons com „je nachdem, wie", abans que „bevor", després que „nachdem", des que und d'ençà que „seitdem", per tal que und a fi que „damit", per tal com „weil", per bé que „obwohl", per més que „so sehr auch", vist que „in Anbetracht dessen, daß", „da ja", posat que „da ja", „vorausgesetzt, daß".

Die Konjunktion, mit der Ergänzungssätze (Subjekt-, Objekt-, Prädikatsätze) eingeleitet werden, ist que „daß". Nebensätze mit que haben daneben aber auch temporale, kausale, konsekutive, finale oder konditionale Bedeutung.

Die temporalen Konjunktionen bilden die relativ größte und am meisten verwendete Gruppe von subordinierenden Konjunktionen: quan „wenn", ara que „wenn", „jetzt, wo", llavors que „als", aleshores que „als" (gehobene Sprache), així que „sobald", „sowie", tant aviat com „sobald", tot seguit que „sowie" (geschriebene Sprache), de seguida que „sowie", mentre (que) „während", cada vegada que „jedesmal, wenn", des que „seitdem" (gehobene Sprache), d'ençà que „seitdem", després que „nachdem", fins que „bis", a penes (... que) „kaum ... als", „sowie". Der Modus ist in Temporalsätzen im allgemeinen der Indikativ. Es kann auch in bestimmter Sprecherperspektive der Konjunktiv stehen (s. S. 81). Allerdings fehlen in katalanischen Grammatiken überhaupt explizite Angaben zum Modusgebrauch in Nebensätzen.

Den modalen Nebensätzen entsprechen im Hauptsatz oft korrelative Adverbien wie tant „so sehr", així, tal „so". Die folgenden Konjunktionen werden je nach Bedeutung mit dem Indikativ oder dem Konjunktiv verwendet: com „wie", auch la manera com „die Art und Weise, wie", segons (que) und segons com „je nachdem, wie", „so wie". Der Konjunktiv steht nach com si „als ob" und nach de por que „aus Furcht (davor), daß".

Die Kausalsätze haben in der Regel als Modus den Indikativ. Sie werden eingeleitet durch perquè „weil", ja que, com (que), puix (que) „da", „weil", vist que „in Anbetracht dessen, daß".

Nach den finalen Konjunktionen steht der Konjunktiv. Unter ihnen ist nur perquè „damit" allgemein gebräuchlich; a fi que gehört der geschriebenen Sprache an und per tal que „damit" der literarischen.

Zu den konditionalen Konjunktionen gehört si „wenn" und die mit dem Konjunktiv verwendeten Konjunktionen no que „nicht daß", mentre (que) „während", posat que (literarisch) und sempre que „vorausgesetzt, daß", sols que „wenn ... nur" (literarisch) sowie només que „nur, daß".

Nach den konzessiven Konjunktionen steht der Indikativ und der Konjunktiv. Es sind dies encara que „obwohl", per més que „so sehr auch", malgrat que „trotzdem", bé que, si bé und per bé que „obgleich".

Zur Syntax

In diesem Kapitel werden nur einige syntaktische Erscheinungen des Katalanischen behandelt, die kontrastiv zum Deutschen von einigem Interesse sind. Die Syntax des Katalanischen ist so wenig untersucht, daß man zudem kaum umfangreiche Ergebnisse zusammenfassen könnte, denn auch auf diesem Gebiet beschäftigen sich die katalanischen Grammatiker mit den für sie dringlicheren normativen als mit deskriptiven Problemen und Fragen; die Beschreibung des Spanischen wird in katalanischen Behandlungen der Syntax ansonsten weitgehend stillschweigend vorausgesetzt.

Die Proformen für Sätze sind sí „ja", „doch" und no „nein". Sie werden auch im Falle der Subordination wie Gliedsätze behandelt, also mit que eingeleitet: diu que sí „er sagt ja", diu que no „er sagt nein".

Was die Satztypen angeht, so sind Beispiele für Aussagesätze hier allenthalben zu finden; einige Beispiele für Befehls- und Wunschsätze finden sich im Abschnitt zum Modus (s. S. 80 f.). Fragesätze unterscheiden sich von anderen Satztypen durch den steigenden Ton am Satzende. Die Inversion des Subjekts ist üblich, wenn es ein Lexem ist, z. B. ha vingut el teu pare? „ist dein Vater gekommen?" Aber auch die Anfangsstellung des Subjekts ist möglich, nämlich dann, wenn es gerade um das Subjekt geht: el teu pare ha vingut? Diese Anfangsstellung des Subjekts ist sogar möglich, wenn es in einem durch ein Interrogativpronomen eingeleiteten Satz hervorgehoben werden soll: i en Tomàs què fa? „und was macht *Thomas?*"

In kopulativen Sätzen vom Typ el seu pare és metge „sein Vater ist Arzt", el seu pare és sord „sein Vater ist taub", el seu pare és aixi „sein Vater ist so" ergibt sich (wie entsprechend im Spanischen, Portugiesischen und Italienischen) das Problem des Unterschieds zwischen ésser und estar „sein", das sich im Katalanischen etwas anders als zum Beispiel im Spanischen stellt und wohl auch etwas komplizierter ist. Üblicherweise wird gesagt, daß ésser ständige Eigenschaften des Subjekts ausdrücke und „imperfektiv" sei, während mit estar vorübergehende oder akzidentelle Eigenschaften ausgedrückt würden und solche Sätze dementsprechend „perfektiv" seien; vgl. zum Beispiel és bo „er ist (an sich schon) gut" und està bo „er ist (jetzt gerade) gut". Im einzelnen wird ésser in mehr Fällen als im Spanischen verwendet. So steht in kopulativen Sätzen wie den obigen im allgemeinen ésser, so auch bei absolutem Gebrauch: <u>Déu</u> és „Gott existiert"; und im Gegensatz zum Spanischen bei Ortsangaben: <u>on sou?</u> „wo seid ihr?" Wenn sich dagegen in kopulativen Sätzen ein qualifizierendes Adjektiv auf ein Lebewesen bezieht, dem eine momentane Eigenschaft zugeschrieben werden soll, dann steht <u>estar: estic malalt</u> „ich bin krank", <u>no està mai content</u> „er ist nie zufrieden", <u>estic llest</u> „ich bin fertig" (aber <u>és llest</u> „er ist klug"). Diese Regel gilt auch für Partizipien des Perfekts; man sagt also <u>el gerro és trencat</u> „der Krug ist zerbrochen", aber <u>avui estàs molt animat</u> „heute bist du sehr lebhaft". Bei Ortsangaben hat <u>estar</u> (und <u>estar-se</u>) die Bedeutung „sich aufhalten": <u>demà serem a Vic a les vuit: ens hi estarem quatre hores</u> „morgen um acht Uhr werden wir in Vic sein; wir werden vier Stunden dort bleiben". Der Einfluß des Spanischen in der gesprochenen Sprache steht aber im Widerspruch zu dieser normativen Verteilung von <u>ésser</u> und <u>estar</u>.

Die *Wortstellung* wird in den von Katalanen geschriebenen Grammatiken nicht getrennt behandelt; hier mögen einige Hinweise genügen: In normaler Wortstellung folgt das Verb dem Subjekt. In einer Konstruktion mit einem direkten und einem indirekten Objekt steht das indirekte nach dem direkten Objekt: <u>donar una flor a una noia</u> „einem Mädchen eine Blume geben". Die Umstandsbestimmungen folgen auf das Objekt (bzw. die Objekte): <u>posar un llibre a l'armari</u> „ein Buch in den Schrank stellen". Das Adverb wird beim Adjektiv vor- und beim Verb nachgestellt: <u>estic molt malalt</u> „ich bin sehr krank", <u>he de treballar molt</u> „ich muß viel arbeiten". Diese Wortstellungsregeln gelten auch für Gliedsätze.

Bei *Hervorhebung* eines Satzglieds im Sinne der Thema-Rhema-Struktur eines Satzes ist auch eine andere Wortfolge als die genannte möglich. In der gesprochenen Sprache werden außerdem die an den Anfang oder ans Ende gestellten Satzglieder noch pronominalisiert (s. dazu Beispiele S. 66). Einzelne Satzglieder können auch durch <u>ésser</u> hervorgehoben werden: <u>és en Pere amb qui volem anar</u> „mit *Peter* wollen wir mitgehen", <u>és que voleu que hi torni?</u> „wollen Sie, daß ich dorthin zurückkehre?"

Kongruenz des Genus und Numerus besteht zwischen Substantiv und Adjektiv: <u>les seves sabates noves</u> „seine (ihre) neuen Schuhe". Wenn ein Adjektiv sich auf mehrere Substantive mit unterschiedlichem Genus bezieht, dann steht es im Maskulinum Plural. Und wenn ein Adjektiv sich auf zwei Substantive desselben Genus bezieht, ist sowohl Singular als auch Plural möglich: <u>llengua i literatura catalana</u> und <u>llengua i literatura catalanes</u> „katalanische Sprache und Literatur". Die Adjektive, die sich auf mehrere Substantive beziehen, werden so gut wie immer nachgestellt. Beim Verb besteht Kongruenz des Numerus und der Person zwischen Subjekt und Verb, bei mehreren Subjekten steht das Verb im Plural: <u>els meus germans i jo sempre anem molt units</u> „meine Geschwister und ich sind uns immer sehr einig". Allerdings können mehrere Subjekte gegebenenfalls als Einheit gesehen werden, z. B. <u>la reforma i decoració de l'establiment és dirigida</u> (aber auch <u>són dirigides</u>) <u>per ell</u> „der Umbau und die Innenausstattung der Anlage werden von ihm geleitet". Umgekehrt steht das Verb im Plural trotz eines formal im Singular stehenden Subjekts, wenn das Subjekt deutlich eine Pluralität beinhaltet: la resta dels viatgers anaven (dagegen: la resta anava) amb un tren especial „der Rest der Reisenden fuhr mit einem Sonderzug". Für die Übereinstimmung von Genus und Numerus des direkten pronominalen Objekts der 3. Person mit dem Partizip Perfekt wurden oben Beispiele gegeben (S. 74).

Was das *Satzgefüge* angeht, so ist einiges dazu aus den Bemerkungen zur Zeitenfolge (S. 80), zum Konjunktiv (S. 81–82), den Konjunktionalsätzen (S. 98–100) und den Infinitiv- und Partizipialkonstruktionen zu entnehmen (S. 72–75).

Lexikon

Die Grundlage für die Darstellung des Wortschatzes ist das Material des Diccionari general de la llengua catalana (Barcelona 1932) von Pompeu Fabra (vgl. dazu S. 38–39) und die Beiträge zur Untersuchung des Wortschatzes, die sich auf die Sprachnorm Fabras berufen.

Wortbildung

Eine kohärente, nach inhaltlichen Gesichtspunkten ausgearbeitete Wortbildungslehre des Katalanischen gibt es nicht. Für unsere Zwecke soll unter diesem Gesichtspunkt in aller Kürze ein Versuch unternommen werden, die produktiveren und die kontrastiv zum Deutschen wichtigeren Wortbildungsverfahren zusammenzustellen. Verfahren, die auf das Griechische und das Lateinische zurückgehen und deshalb den meisten westeuropäischen Sprachen gemeinsam sind, werden nur behandelt, wenn sie mindestens teilweise für das Katalanische spezifisch sind. Ganz allgemein muß für das Katalanische im Vergleich zum Deutschen festgestellt werden, daß die Ableitung stark, die Wortzusammensetzung schwach entwickelt ist.

Für die Einteilung gehe ich von Suffix- und Präfixbildung einerseits und von Wortzusammensetzung andererseits aus; daran schließen sich, wenn möglich, inhaltliche Bestimmungen wie Kollektivbildung usw. an. In der Suffix- und Präfixbildung werden zunächst die Verfahren aufgeführt, bei denen Basis und Ableitung derselben Wortart, und danach die Verfahren, bei denen Basis und Ableitung verschiedenen Wortarten angehören.

Nur die Wortbildungselemente sollen aber angeführt werden, denen tatsächlich eine Funktion zukommt. Dies gilt nicht für eine Reihe von „Infixen", die bei verschiedenen Ableitungen vorkommen, z. B. -an-: cridar „schreien" → cridaner „schreiend", „grell"; -at-: llogar „(ver)mieten" → llogater „Mieter"; -in-: blanc „weiß" → blanquinós „weißlich"; -ol-: roig „rot" → enrojolar-se „erröten".

An dieser Stelle sei nochmals auf die allgemeinen Akzentregeln (S. 54–55) und auf die morphonologischen Regeln (bes. S. 58 ff.), die gerade auch für die Wortbildung gelten, hingewiesen.

Suffix- und Präfixbildung ohne Änderung der Wortart

Das *Genus* gehört nicht nur zur Grammatik, sondern auch zur Wortbildung. Dabei ist das übliche Verfahren die Femininbildung mit der Endung -a, seltener mit dem Suffix -essa (s. S. 58). Interessant ist, daß in einigen Fällen das Maskulinum vom Femininum abgeleitet ist, und zwar mit -ot: abella „Biene" → abellot „Drohne", „Hummel", bruixa „Hexe" → bruixot „Hexer", dida „Amme" → didot „Mann der Amme", merla „Amsel" → merlot „Amselmännchen".

Nicht weiter nach Bedeutungsbereichen spezifizierte *Kollektiva* werden mit -ada gebildet: boira „Nebel" → boirada „weit ausgedehnter Nebel", cavall „Pferd" → cavallada „Pferdeherde", gent „Leute" → gentada „Menschenmenge", vaca „Kuh" → vacada „Kuhherde"; weitere mit -am m.: bèstia „Tier" → bestiam „Vieh", branca „Ast" → brancam „Geäst"; mit -atge m.: fulla „Blatt" → fullatge „Laub", herba „Gras" → herbatge „Futtergras", moble „Möbelstück" → moblatge „Möbel" (Pl.). Vor allem (aber nicht ausschließlich) für Pflanzen verwendet wird -ar m.: alzina „immergrüne Eiche" → alzinar „Eichenwald", bèstia „Tier" → bestiar „Vieh", pi „Pinie", „Kiefer" → pinar „Pinienwald", taronger „Orangenbaum" → tarongerar „Orangenplantage"; und daneben -eda: faig m. „Buche" → fageda „Buchenwald", pi „Pinie" → pineda „Pinienwald", suro (alzina surera) „Korkeiche" → sureda „Korkeichenwald". Zugleich kollektiv und pejorativ kann -alla sein: gent „Leute" → gentalla „Pack", „Pöbel", jove „junger Mensch" → jovenalla „junge Leute", „Jugend".

Die *Intensivierung* der Zeit wird mit -ada ausgedrückt; sie ist bei fast allen Substantiven möglich, die einen Zeitraum bezeichnen: any „Jahr" → anyada „Jahr", „Jahrgang", matí „Morgen" → matinada „Vormittag", mes „Monat" → mesada „Monat" (und „Monatseinkommen"), setmana „Woche" → setmanada „Woche" (und „Wochenlohn").

Die Intensivierung des Inhalts eines Adjektivs oder Adverbs kann durch re- geleistet werden: dolent „schlecht" → redolent „sehr schlecht", sec „trocken" → ressec „sehr trocken", bé „gut" → rebé „sehr gut" (solche Formen stehen meist nicht im Wörterbuch).

Das allgemeinste Suffix zur Bildung von *Diminutiva* ist -et, -eta; es wird unterschiedslos für Substantive, Adjektive und Adverbien verwendet: casa „Haus" → caseta „Häuschen", cavall „Pferd" → cavallet „Pferdchen", home „Mensch", „Mann" → homenet „Männchen", peu „Fuß" → peuet, plat „Teller" → platet; bonic „hübsch" → boniquet „recht hübsch", gran „groß" → grandet „schon recht groß", petit „klein" → petitet „ganz klein"; a prop „nahe" → a propet „ganz nahe", aviat „bald" → aviadet „ziemlich bald", lluny „weit" → llunyet „ein bißchen weit", poc a poc „allmählich" → poc a poquet „ganz allmählich". Andere Diminutivsuffixe sind seltener, z. B. -ó, <u>-ona</u>: <u>carrer</u> „Straße" → <u>carreró</u> „Gäßchen"; <u>petit</u> „klein" → <u>petitó</u> „ganz klein". Manchmal werden <u>-on</u>- und -<u>et</u>- kombiniert, z. B. <u>petitonet</u>. Diminutiv und pejorativ zugleich sind <u>-etxo</u> und -<u>utxo</u>: <u>cavall</u> → <u>cavalletxo</u> „kleines oder mageres Pferd", <u>cavallutxo</u> „kleines und schlechtes, häßliches oder altes Pferd".

Einige Adjektive, besonders Farbadjektive, haben besondere Diminutivsuffixe; dies sind -<u>enc</u>, -<u>enca</u>: <u>agre</u> „sauer" → <u>agrenc</u> „säuerlich", <u>blau</u> „blau" → <u>blavenc</u> „bläulich", <u>dolç</u> „süß" → <u>dolcenc</u> „süßlich", <u>groc</u> „gelb" → <u>groguenc</u> „gelblich", <u>vermell</u> „rot" → <u>vermellenc</u> „rötlich"; -<u>ís</u>, -<u>issa</u>: <u>blau</u> → <u>blavís</u> „bläulich", <u>groc</u> → <u>groguís</u> „gelblich", <u>malalt</u> „krank" → <u>malaltís</u> „kränklich"; -<u>ós</u>, -<u>osa</u>: <u>amarg</u> „bitter" → <u>amargós</u> „leicht bitter", <u>blau</u> → <u>blavós</u> „bläulich", <u>humit</u> „feucht" → <u>humitós</u> „etwas feucht", <u>negre</u> „schwarz" → <u>negrós</u> „schwärzlich", <u>verd</u> „grün" → <u>verdós</u> „grünlich".

Obwohl die Diminutivbildungen bei Verben fixiert und die entsprechenden Suffixe also nicht produktiv sind, soll dieses charakteristische Verfahren doch belegt werden. Solche Suffixe sind -<u>iny</u>-: <u>plorar</u> „weinen" → <u>plorinyar</u> „flennen"; -<u>isc</u>-: <u>ploure</u> „regnen" → <u>ploviscar</u> „nieseln", <u>endormir-se</u> „einschlafen" → <u>endormiscar-se</u> „einnicken"; -<u>isquej</u>-: <u>ploure</u> → <u>ploviscquejar</u> „nieseln"; -<u>iss</u>-: <u>adormir-se</u> „einschlafen" → <u>adormissar-se</u> „sanft einschlafen"; -<u>otej</u>-: <u>parlar</u> „sprechen" → <u>parlotejar</u> „schwatzen", <u>treballar</u> „arbeiten" → <u>treballotejar</u> „gelegentlich arbeiten"; -<u>uss</u>-: <u>menjar</u> „essen" → <u>menjussar</u> „ein bißchen und lustlos essen"; -<u>ussej</u>-: <u>cantar</u> „singen" → <u>cantussejar</u> „leise singen"; und weitere Suffixe.

Augmentativa werden meist mit -<u>ot</u>, -<u>ota</u> und -<u>às</u>, -<u>assa</u> gebildet. Die augmentative Bedeutung ist oft mit einer pejorativen wie „zu groß", „zu dick", „häßlich", „schlecht" verbunden. Beispiele: <u>cavall</u> „Pferd" → <u>cavallot</u>, <u>cuixa</u> „Oberschenkel" → <u>cuixota</u>, <u>home</u> „Mann" → <u>homenot</u>; <u>home</u> → <u>homenàs</u>, <u>noi</u> „Junge" → <u>noiàs</u> „großer, kräftiger Junge", <u>casa</u> „Haus" → <u>casassa</u>. Beide Suffixe werden auch für Adjektive verwendet: <u>gran</u> „groß" → <u>grandàs</u> „sehr groß", <u>enfeinat</u> „geschäftig" → <u>enfeinassat</u> „sehr beschäftigt", <u>gros</u> „dick" → <u>grossot</u> „sehr dick", „zu dick", <u>lleig</u> „häßlich" → <u>lletjot</u> „sehr häßlich". Hierher gehört auch das augmentativ-pejorative Suffix -<u>arro</u>, -<u>arra</u>: <u>cotxe</u> „Auto" → <u>cotxarro</u>, <u>cuixa</u> „Oberschenkel" → <u>cuixarra</u>; und -<u>atxo</u>, -<u>atxa</u>: <u>cavallatxo</u> „dickes und schlechtes oder häßliches Pferd".

Die *Negierung* eines Wortinhalts wird bei Substantiven, Adjektiven und Verben durch <u>des</u>- und <u>dis</u>- ausgedrückt: <u>ordre</u> m. „Ordnung" → <u>desordre</u> „Unordnung", <u>lleial</u> „zuverlässig", „treu" → <u>deslleial</u> „unredlich", <u>honest</u> „ehrlich" → <u>deshonest</u> „unehrlich", <u>agradable</u> „angenehm" → <u>desagradable</u> „unangenehm", <u>fer</u> „tun" → <u>desfer</u> „vernichten", <u>lligar</u> „binden" → <u>deslligar</u> „losbinden", <u>embolicar</u> „einwickeln" → <u>desembolicar</u> „auswickeln"; <u>sort</u> f. „Glück" → <u>dissort</u> „Unglück", <u>continu</u> „kontinuierlich" → <u>discontinu</u> „diskontinuierlich", <u>conforme</u> „übereinstimmend", „einverstanden" → <u>disconforme</u> „uneins", <u>culpar</u> „Schuld zuschreiben" → <u>disculpar</u> „von einer Schuld lossprechen". Am produktivsten ist bei Adjektiven (und den von ihnen abgeleiteten Substantiven) in- (im-, il-, ir-): feliç „glücklich" → infeliç „unglücklich", precís „genau" → imprecís „ungenau", llegible „lesbar" → il.legible „unleserlich". Zur Grammatik, nicht zur Wortbildung gehört die Wortnegierung mit no, z. B. la no aparició „das Nichterscheinen".

Zur zeitlichen *Situierung* bei Verwandtschaftsverhältnissen dienen bes- „Ur-", z. B. avi „Großvater" → besavi „Urgroßvater", und re- „Ur(ur)-", z. B. besavi → rebesavi „Ururgroßvater", und zur räumlichen Situierung ante-, z. B. penúltim „vorletzt" → antepenúltim „vorvorletzt", sala „Saal" → antesala „Vorzimmer", posar „stellen" → anteposar „voranstellen".

Für die *Wiederholung* hat das Katalanische re-: elegir „wählen" → reelegir „wiederwählen", poblar „besiedeln" → repoblar „neubesiedeln", vendre „verkaufen" → revendre „weiterverkaufen".

Der Inhalt eines Worts kann durch eine Ableitung *partialisiert* werden mit den Suffixen pre-: dominar „herrschen" → predominar „vorherrschen", dir „sagen" → predir „vorhersagen", veure „sehen" → preveure „voraussehen"; contra-: pes „Gewicht" → contrapes „Gegengewicht", dir → contradir „widersprechen"; en-: dur „führen" → endur-se „mitnehmen", menar „führen" → emmenar „herführen", „wegführen"; sobre-: excitar „reizen" → sobreexcitar „überreizen"; entre-: obrir „öffnen" → entreobrir „halb öffnen", ajudar „helfen" → entreajudar-se „sich gegenseitig helfen".

Mit a- werden von intransitiven Verben *transitive* (kausative) und *reflexive* Verben gebildet: baixar „hinuntersteigen" → abaixar „herunterlassen", jeure „liegen" → ajeure „legen", dormir „schlafen" → adormir „einschläfern"/adormir-se „einschlafen", pujar „steigen" → apujar „heben", seure „sitzen" → asseure „setzen", tardar „zögern" → atardar-se „sich verspäten".

Komitative Bedeutung hat co-, con-: autor „Autor" → coautor „Mitverfasser", existir „existieren" → coexistir „koexistieren", viure „leben" → conviure „zusammenleben".

Suffix- und Präfixbildung mit Änderung der Wortart

Prädikative Nominalisierungen von Verben bzw. *Nomina actionis* werden mit folgenden Suffixen abgeleitet: -ment m.: començar „anfangen" → començament „Anfang", enterrar „beerdigen" → enterrament „Beerdigung", pensar „denken" → pensament „Gedanke"; -ció f.: contestar „antworten" → contestació „Antwort", equivocar-se „sich irren" → equivocació „Irrtum", felicitar „gratulieren" → felicitació „Glückwunsch", reparar „reparieren" → reparació „Reparatur"; maskulinen Nullableitungen: assajar „versuchen" → assaig „Versuch", desitjar „wünschen" → desig „Wunsch", perdonar „vergeben" → perdó „Vergebung", treballar „arbeiten"

→ treball „Arbeit"; femininen Nullableitungen: contestar „antworten" → contesta „Antwort", marxar „marschieren" → marxa „Marsch"; -ança/-ença: ensenyar „lehren" → ensenyança „Lehre"; -dura bes. für handwerkliche Arbeiten: daurar „vergolden" → dauradura „Vergoldung"; -atge m. für technische Operationen: sondar „peilen" → sondatge „Peilen"; nach dem Typ des femininen Partizip Perfekts, zur Bezeichnung einer Handlungseinheit: baixar „hinuntersteigen" → baixada „Abstieg", pensar „denken" → pensada „Einfall"; -dissa für die Intensivierung einer Handlung: cridar „schreien" → cridadissa „Geschrei"; -era für „Lust zu etwas": menjar „essen" → mengera „Eßlust", „Heißhunger". In diese Gruppe gehören ebenfalls Ableitungen über ein implizites (lexikalisch nicht ausgedrücktes) Verb mit -ada: ganivet „Messer" → ganivetada „Messerstich", clatell „Wange" → clatellada „Ohrfeige"; und mit -eria: beneit „Dummkopf" → beneiteria „Dummheit (die man begeht)".

Nomina qualitatis oder von Adjektiven abgeleitete prädikative Nominalisierungen werden gebildet mit -esa: abstracte „abstrakt" → abstractesa „Abstraktheit", bell „schön" → bellesa „Schönheit", feble „schwach" → feblesa „Schwäche"; -edat/-itat: clar „hell" → claredat „Helligkeit", net „sauber" → netedat „Sauberkeit"; profund „tief" → profunditat „Tiefe", va, vana „eitel" → vanitat „Eitelkeit"; -(àn)cia/-(èn)cia: ignorant „unwissend" → ignorància „Unwissenheit", negligent „nachlässig" → negligència „Nachlässigkeit"; -ia: audaç „kühn" → audàcia „Kühnheit"; -ícia: magre „mager" → magrícia „Magerkeit"; -itud f.: exacte „genau" → exactitud „Genauigkeit"; -or f. bes. für Farben und Temperaturen: roig „rot" → rojor „Röte", calent „warm" → calentor „Wärme"; -eria für abgewertete Eigenschaften: boig „verrückt" → bogeria „Verrücktheit"; -ia: alegre „lustig" → alegria „Freude", cortès „höflich" → cortesia „Höflichkeit"; -ària für Dimensionen: gran „groß" → grandària „Größe".

Von *Substantiven* abgeleitete prädikative Nominalisierungen schließen eine Verwendung des Grundworts im Prädikat ein (wie im übrigen auch die Nomina qualitatis) und in diesem Sinne eine Verbvorstellung. Die Ableitungen bezeichnen Ämter, Funktionen, Verwandtschaftsverhältnisse u. ä.; bei Ämtern und Funktionen kommt meist der Ort, an dem, und die Zeit, in der das Amt oder die Funktion ausgeübt wird, hinzu. Suffixe dieses Typs sind -at m.: bisbe „Bischof" → bisbat „Bischofswürde", „Bistum", comte „Graf" → comtat „Grafenwürde", „Grafschaft"; -atge m.: poncella „Jungfrau" → poncellatge „Jungfernschaft"; -ia: home „Mann" → homenia „Mannhaftigkeit", alcalde „Bürgermeister" → alcaldia „Amt eines Bürgermeisters".

Nomina agentis werden mit -dor, -dora von Verben abgeleitet: caçar „jagen" → caçador „Jäger", cosir „nähen" → cosidora „Näherin", treballar „arbeiten" → treballador „Arbeiter", und mit -ant/-ent m. u. f.: caminar „gehen" → caminant „Wanderer", estudiar „studieren" → estudiant „Student", aprendre „lernen" →

aprenent „Lehrling". Mit -aire m. u. f. werden Nomina agentis von Verben und von Substantiven abgeleitet: dansar „tanzen" → dansaire „Tänzer", xerrar „schwatzen" → xerraire „Schwätzer"; punta „Spitze" → puntaire „Spitzenklöpplerin", terrissa „gebrannte Erde" → terrissaire „Töpfer". Auch bei anderen Verfahren wird die Handlung nicht explizit ausgedrückt, sondern das Nomen agentis wird direkt von einem Substantiv abgeleitet, so mit -er, -era: ferro „Eisen" → ferrer „Schmied", fusta „Holz" → fuster „Tischler", porta „Tor" → porter „Pförtner"; und mit -ista m. u. f.: art m. u. f. „Kunst" → artista „Künstler", dent f. „Zahn" → dentista „Zahnarzt".

Nomina loci werden mit zahlreichen Suffixen gebildet. Die Ableitungen bezeichnen oftmals Werkstätten, Verkaufsstätten und ähnliches, aber auch allgemein irgendeinen Ort; ihnen liegen Verben und Substantive zugrunde. Suffixe dieses Typs sind -dor: escorxar „(Tiere) abdecken" → escorxador „Schlachthof", menjar „essen" → menjador „Eßzimmer", rebre „empfangen" → rebedor „Salon"; -tori: dormir „schlafen" → dormitori „Schlafzimmer", observar „beobachten" → observatori „Observatorium"; -eria: rellotge m. „Uhr"/rellotger „Uhrmacher" → rellotgeria „Uhrengeschäft", sastre „Schneider" → sastreria „Schneiderei"; -er m.: formiga „Ameise" → formiguer „Ameisenhaufen", cendra „Asche" → cendrer „Aschenbecher"; -era: sucre m. „Zucker" → sucrera „Zuckerdose", „Zuckerfabrik"; -ar m.: colom „Taube" → colomar „Taubenschlag"; -all m.: mirar „schauen" → mirall „Spiegel".

Suffixe für die Ableitung von Nomina instrumenti sind -all m.: espantar „verscheuchen" → espantall „Vogelscheuche", encendre „anzünden" → encenall „Span", fermar „anbinden" → fermall „Band"; -dor: mocar-se „sich schneuzen" → mocador „Taschentuch", penjar „aufhängen" → penjador „Kleiderbügel"; -dora: regar „begießen" → regadora „Gießkanne", tapar „verstopfen", „zudecken" → tapadora „Deckel".

Durch Suffixe werden Substantive und Verben in die Wortart des Adjektivs übergeführt; bei einigen Suffixen können noch zusätzliche Bedeutungen auftreten. Deverbale Adjektive werden gebildet mit -ant/-ent m. u. f.: picar „stechen" usw. → picant „pikant", seguir „folgen" → següent „folgend", vivir „leben" → vivent „lebendig" (vgl. S. 73 f.); -dor, -dora: eixordar „betäuben" → eixordador „betäubend", treballar „arbeiten" → treballador „arbeitsam", xerrar „schwatzen" → xerrador „geschwätzig"; -er, -era: ploure „regnen" → plover „regnerisch"; und mit Infix -aner: plorar „weinen" → ploraner „weinerlich"; -(a)ble/-(i)ble für den Ausdruck der Möglichkeit: admirar „bewundern" → admirable „bewundernswert", creure „glauben" → creïble „glaubwürdig", explicar „erklären" → explicable „erklärlich", oir „hören" → oïble „hörbar"; -dís, -dissa für die Bedeutung „leicht geneigt zu . . .": espantar „erschrecken" → espantadís „schreckhaft", trencar „zerbrechen" → trencadís „zerbrechlich"; -iu, -iva/-tiu, -tiva: agredir „angreifen" → agressiu

„aggressiv", produir „produzieren" → productiu „produktiv", venjar-se „sich rächen" → venjatiu „rachsüchtig"; -tori, -tòria: contradir „widersprechen" → contradictori „widersprüchlich".

Desubstantivische Adjektive werden abgeleitet mit -à, -ana, bes. für geographische Namen: ciutat f. „Stadt" → ciutadà „städtisch", Itàlia → italià „italienisch", València → valencià „valenzianisch"; -ià, -iana für Personennamen: Llull → lul.lià „von Llull", Wagner → wagnerià „von Wagner", „wagnerisch"; -al: bèstia „Tier" → bestial „tierisch", bisbe „Bischof" → bisbal „bischöflich", rei „König" → reial „königlich"; -enc, -enca, u. a. für geographische Namen: el Canadà „Kanada" → canadenc „kanadisch", Eivissa → eivissenc „von Eivissa", estiu m. „Sommer" → estiuenc „Sommer-", „sommerlich", Nadal m. „Weihnachten" → nadalenc „Weihnachts-", „weihnachtlich"; -er, -era: frontera „Grenze" → fronterer „Grenz-", mentida „Lüge" → mentider „verlogen", rialla „Lachen" → rialler „lachend"; -ès, -esa für geographische Namen: Berlín → berlinès „Berliner", França „Frankreich" → francès „französisch", el Japó „Japan" → japonès „japanisch", la Xina „China" → xinès „chinesisch"; -esc, -esca: cavaller „Ritter" → cavalleresc „ritterlich"; -í, -ina, bes. für geographische Namen: Barcelona → barceloní „barcelonesisch", bou „Rind" → boví „Rinder-", gegant „Riese" → gegantí „riesig", Mallorca → mallorquí „mallorkinisch"; -ut, -uda für die Bedeutung „versehen mit . . .": banya „Horn" → banyut „gehörnt", llana „Wolle" → llanut „wollig", panxa „Bauch" → panxut „dickbäuchig". Desubstantivische Adjektive werden besonders häufig substantiviert, z. B. francès „Franzose".

Es gibt auch Suffixe, mit denen *deverbale* und *desubstantivische* Adjektive abgeleitet werden, so mit -ívol, -ívola: menjar „essen" → mengívol „eßbar", pensar „denken" → pensívol „nachdenklich", baró „Mann" → baronívol „(betont) männlich", „mannhaft", pagès „Bauer" → pagesívol „bäuerlich"; -ós, -osa, bei desubstantivischen Adjektiven für die Bedeutung „voll von . . .": enganxar „kleben" → enganxós „klebrig", esgarrifar „erschrecken" → esgarrifós „schrecklich", boira „Nebel" → boirós „neblig", neguit „Unruhe" → neguitós „unruhig", pols „Staub" → polsós „staubig".

Einige desubstantivische Adjektive sind *parasynthetisch* mit a- . . . -at, -ada und en- . . . -at, -ada abgeleitet. Sie unterscheiden sich von ähnlich gebildeten Partizipien durch die aktive Bedeutung: fam f. „Hunger" → afamat „hungrig", pesar „Kummer" → apesarat „bekümmert", seny m. „Verstand" → assenyat „vernünftig"; feina „Arbeit" → enfeinat „beschäftigt". Nur mit -at, -ada abgeleitete Adjektive sind auch möglich: enteniment „Verstand" → entenimentat „verständig".

Verben können ohne Suffix von Substantiven und Adjektiven abgeleitet werden; die entsprechenden Endungen sind meist -ar, seltener -ir: arrel f. „Wurzel" → arrelar „Wurzel schlagen", creu f. „Kreuz" → creuar „kreuzen", esperó „Sporn" → esperonar

„anspornen"; <u>alegre</u> „lustig" → <u>alegrar</u> „erfreuen", <u>espès</u> „dicht" → <u>espessir</u> „dicht machen", <u>estret</u> „eng" → <u>estretir</u> „verengen".

Zahlreicher sind die deadjektivischen und desubstantivischen Ableitungen mit den Suffixen -<u>ej</u>-: <u>agre</u> „sauer" → <u>agrejar</u> „sauer sein", <u>feina</u> „Arbeit" → <u>feinejar</u> „viel arbeiten", <u>aire</u> m. „Luft" → <u>airejar</u> „lüften", <u>fosc</u> „dunkel" → <u>fosquejar</u> „dunkel werden", <u>tros</u> „Stück" → <u>trossejar</u> „zerstückeln", <u>xiu-xiu</u> m. „Geflüster" → <u>xiuxiuejar</u> „flüstern"; -<u>ific</u>-: <u>just</u> „richtig" → <u>justificar</u> „rechtfertigen", <u>simple</u> „einfach" → <u>simplificar</u> „vereinfachen"; -<u>itz</u>-: <u>anàlisi</u> f. „Analyse" → <u>analitzar</u> „analysieren", <u>caràcter</u> m. „Charakter" → <u>caracteritzar</u> „charakterisieren", <u>regular</u> „regelmäßig" → <u>regularitzar</u> „regularisieren".

Die mit *Präfixen* abgeleiteten Verben sind eigentlich *parasynthetisch* gebildet mit <u>a</u>- und den Endungen -<u>ar</u>, -<u>ir</u>: <u>comiat</u> „Abschied" → <u>acomiadar-se</u> „sich verabschieden", <u>favor</u> „Gunst" → <u>afavorir</u> „begünstigen", <u>vergonya</u> „Scham", „Schande" → <u>avergonyir</u> „beschämen", <u>feble</u> „schwach" → <u>afeblir</u> „schwächen", <u>segur</u> „sicher" → <u>assegurar</u> „versichern"; <u>en</u>- . . . -<u>ar</u>, -<u>ir</u>: <u>butxaca</u> „Tasche" → <u>embutxacar</u> „in die Tasche stecken", <u>gàbia</u> „Käfig" → <u>engabiar</u> „in einen Käfig sperren", <u>sabó</u> „Seife" → <u>ensabonar</u> „einseifen", <u>brut</u> „schmutzig" → <u>embrutar</u> „schmutzig machen", <u>tèrbol</u> „trüb" → <u>enterbolir</u> „trüben", <u>trist</u> „traurig" → <u>entristir</u> „traurig machen"; <u>des</u>-/<u>es</u>- . . . -<u>ar</u>, -<u>ir</u>, die etwa wie „ent-" verwendet werden: <u>coratge</u> m. „Mut" → <u>descoratjar</u> „entmutigen", <u>fulla</u> „Blatt" → <u>desfullar</u>, <u>gra</u> m. „Kern" → <u>desgranar</u>/<u>esgranar</u> „entkernen", <u>teranyina</u> „Spinngewebe" → <u>esteranyinar</u> „Spinngewebe beseitigen", <u>poruc</u> „ängstlich" → <u>esporuguir-se</u> „ängstlich werden".

Die regelmäßigen deadjektivischen *Adverbien* werden mit -<u>ment</u> abgeleitet (s. S. 92). Daneben gibt es mit <u>a/de</u> . . . <u>ons</u> von Substantiven und Verben abgeleitete Ausdrücke: <u>boca</u> „Mund" → <u>a bocons</u> „auf dem Bauch (liegend)", <u>rebolcar</u> „wälzen" → <u>a rebolcons</u> „sich wälzend", <u>rodolar</u> „rollen" → <u>a rodolons</u> „rollend", <u>genoll</u> „Knie" → <u>de genollons</u> „auf den Knien".

Wortzusammensetzung

Die Wortzusammensetzungen sind im Katalanischen nicht nur nicht sehr zahlreich, sondern meist auch fixiert. Der einzige etwas produktive Kompositionstyp ist der Typ <u>portamonedes</u> (zur Aussprache der Zusammensetzungen s. S. 45 f., 55).

Substantive werden gebildet aus Substantiv + Substantiv, mit und ohne <u>i</u> „und" verbunden: <u>all</u> „Knoblauch" + <u>oli</u> „Öl" → <u>allioli</u> m. „Art Mayonnaise", <u>paper</u> „Papier" + <u>moneda</u> „Geld" → <u>paper moneda</u> m. „Papiergeld", <u>fil</u> „Faden" + <u>ferro</u> „Eisen" → <u>filferro</u> „Draht", <u>vagó</u> „Waggon" + <u>llit</u> „Bett" → <u>vagó llit</u> „Schlafwagen"; Substantiv + Adjektiv: <u>aigua</u> „Wasser" + <u>ardent</u> „brennend" → <u>aiguardent</u> f. „Branntwein", <u>aigua</u> + <u>fort</u> „stark" → <u>aiguafort</u> „Ätzwasser", „Radierung", <u>cel</u>

„Himmel" + obert „offen" → celobert „Innenhof"; formal identisch, semantisch aber komplex zu interpretieren sind folgende Wörter: (Mann) pell f. „Haut" + roig „rot" → pell-roja „Rothaut", (Vogel) pit „Brust" + roig → pit-roig „Rotkehlchen", (Tier) cap „Kopf" + gros „dick" → cap-gros „Kaulquappe"; Adjektiv + Substantiv: mig „halb" + dia m. → migdia „Mittag", so auch mitjanit „Mitternacht", mal „schlecht" + nom „Name" → malnom „Spitzname"; es bestehen bei diesem formalen Typ dieselben inhaltlichen Verhältnisse wie beim Typ pell-roja: „Tier" + cent „hundert" + cama „Bein" → centcames m. „Tausendfüßler", „Mensch" + set „sieben" + ciència „Wissenschaft" → set-ciències m. „Neunmalgescheiter"; Verb + Substantiv: portar „tragen" + moneda „Münze", „Geld" → portamonedes m. „Geldbeutel", eixugar „abtrocknen" + mà „Hand" → eixugamans/eixugamà m. „Handtuch", rodar „umherstreifen" + món „Welt" → rodamón m. „Vagabund", somiar „träumen" + truita „Forelle" → somiatruites m. „Phantast", „Schwärmer" (inhaltlich könnte man hier noch Agens, Instrument und Ort unterscheiden); der Typ Präfix + Substantiv gehört in bestimmten Fällen hierher, denn avantbraç „Unterarm" zum Beispiel ist kein Arm, sondern ein Teil des Arms, prehistòria „Vorgeschichte" ist eine Zeit und prejudici „Vorurteil" keine Art Urteil.

Wie desubstantivische Nomina agentis werden die *Baumnamen* mit -er abgeleitet; das Grundwort ist der Name einer Frucht: albercoc „Aprikose" → albercoquer „Aprikosenbaum", ametlla „Mandel" → ametller „Mandelbaum", cirera „Kirsche" → cirerer „Kirschbaum". Mit -era werden auch andere Pflanzennamen gebildet: alfàbrega „Basilikum" → alfabreguera „Basilikum(skraut)", fava „Bohne" → favera „Bohnenpflanze", maduixa „Erdbeere" → maduixera „Erdbeerpflanze". Dieses Verfahren ist inhaltlich ein Kompositionsverfahren.

Auch einige *Adjektive* werden zusammengesetzt, und zwar mit Adjektiv + Adjektiv: agre „sauer" + dolç „süß" → agredolç „süß-sauer", sord „taub" + mut „stumm" → sord-mut „taubstumm"; Substantiv + Adjektiv: cama „Bein" + llarg „lang" → camallarg „langbeinig", ebenso camacurt „kurzbeinig", llengua „Zunge" + llarg → llenguallarg „geschwätzig", cap „Kopf" + baix „niedrig" → capbaix „niedergeschlagen"; zum Typ Substantiv + Adjektiv gehören im Grunde auch die Zusammensetzungen mit Partizipien: fe f. „Glaube" + fent (faent) „machend" → fefaent „vertrauenswürdig", terra „Land" + tinent „haltend" → terratinent „grundbesitzend" (meist substantivisch); prim „dünn" + mirat „geschaut" → primmirat „kleinlich".

Selten werden *Verben* zusammengesetzt, etwa mit Substantiv + Verb: cap „Kopf" + girar „drehen" → capgirar „umdrehen", coll „Hals" + tòrcer „umdrehen" → colltòrcer „den Hals umdrehen", cor „Herz" + prendre „nehmen" → corprendre „jem. für sich einnehmen", ull „Auge" + prendre → ullprendre „bezaubern (mit dem Blick)"; Adjektiv + Verb: car „teuer" + vendre „verkaufen" → carvendre „teuer verkaufen", prim „dünn" + filar „spinnen" → primfilar „Haarspalterei treiben", vil „gemein" + tenir „halten" → viltenir „verachten"; Adverb + Verb: menys „weniger" + estimar „schätzen" → menysestimar „unterschätzen", mal „schlecht" + tractar „behandeln" → maltractar „mißhandeln".

Katalanisch-lateinische Schichtung des Wortschatzes

Zahlreiche Wörter werden aus dem Lateinischen in der ganzen Geschichte des Katalanischen entlehnt. Wichtig ist dabei nicht nur die Tatsache der Entlehnung, sondern deren Auswirkung auf den Wortschatz. Von historischem Interesse sind zunächst die Dubletten, das Nebeneinanderbestehen von Erbwörtern und Buchwörtern, wofür llec „Laien-" – laic „Laien-", raig m. „Strahl" – radi „Radius", cadira „Stuhl" – càtedra „Lehrstuhl" usw. einige Beispiele sein mögen. Weitreichendere Konsequenzen hat aber der Umstand, daß in sehr vielen Fällen ein primäres Wort erbwörtlich (oder wenigstens teilweise erbwörtlich) entwickelt ist, während die entsprechende Ableitung ein Buchwort ist. Unter zahllosen Beispielen seien nur einige genannt, so für die Beziehung zwischen Substantiv und Adjektiv: cos m. „Körper" – corporal „körperlich", cercle m. „Kreis" – circular „kreisförmig", fill „Sohn", „Kind" – filial „Kindes-", illa „Insel" – insular „Insel-", llei f. „Gesetz" – legal „gesetzlich", lloc „Ort" – local „örtlich", marge m. „Rand" – marginal „Rand-", mes „Monat" – mensual „Monats-", „monatlich", nit f. „Nacht" – nocturn „nächtlich", poble m. „Volk" – popular „Volks-", „populär", segle m. „Jahrhundert" – secular „jahrhundertealt", ull m. „Auge" – ocular „Augen-"; für die Beziehung zwischen Verb und Adjektiv: fer „machen" – factible „machbar", fondre „schmelzen" – fusible „schmelzbar", dividir „teilen" – divisible „teilbar", fregar „reiben" – fricatiu „frikativ"; für die Beziehung zwischen Adjektiv und Nomen qualitatis: llong „lang" – longitud f. „Länge", amable „liebenswürdig" – amabilitat „Liebenswürdigkeit", für die Beziehung zwischen Substantiv und Verb: fruit „Frucht" – fructificar „befruchten".

Aber nicht nur aus diesen morphologischen Unterschieden zwischen Grundwort und Ableitung wird die katalanisch-lateinische Schichtung deutlich, sondern auch aus den unterschiedlichen Wortbildungselementen, die bei Erbwörtern bzw. bei Buchwörtern verwendet werden. Diese Erscheinung läßt sich beispielhaft an den Wörtern erörtern, die letztlich auf lat. ratio als Grundwort zurückgehen. Aus rationem hat sich raó f. „Vernunft", „Grund" entwickelt, das die direkte oder indirekte Grundlage von raonable „vernünftig", raonar „urteilen", enraonar „reden" ist; diese Ableitungen sind wiederum Grundlage für weitere Wortbildungen. Andererseits ist rationem als ració „Ration", mit der Ableitung racionar „rationieren", aus dem Lateinischen entlehnt worden; eine Bedeutungsbeziehung zu raó besteht in diesen Fällen nicht, wohl aber

113

bei racional „rational" (und bei racionalitat, racionalista, racionalisme, racionalitzar).
Es liegen hier bei -ar, en- . . . -ar, -(a)ble prinzipiell erbwörtliche Ableitungsverhält-
nisse vor und bei -ista, -isme, -itat, -itz- buchwörtliche.

Zu den Lehnwörtern

Zu den Entlehnungen aus anderen Sprachen wurde bereits einiges im Überblick
über die Sprachgeschichte gesagt, auf die wir für Entlehnungen aus dem Iberischen
(S. 19), dem Keltischen (S. 19), dem Griechischen (S. 19, 22), dem Germanischen
(S. 20), dem Arabischen (S. 21 f.), dem Okzitanischen (S. 22) und dem Lateinischen
(S. 24, 29 und ferner S. 113) verweisen. Nunmehr sollen Hinweise auf Entlehnungen
aus dem Spanischen, dem Italienischen, dem Französischen und dem Englischen
gegeben werden.

Von Kastilianisierung und Entkastilianisierung ist hier allenthalben die Rede
gewesen, so daß es angebracht ist, auch einige nicht in Frage gestellte Kastilianismen
zu zitieren; dazu gehören: amo „Herr", „Eigentümer", apurar „läutern",
„überprüfen", bodega „Laderäume (eines Schiffs)", borratxo „besoffen", borrego
„Kringel", burro „Esel", castigar „bestrafen" usw. usw.

Das Italienische hat seit dem Humanismus und der Renaissance viel zum
katalanischen Wortschatz beigetragen. Viele Wörter sind dem Katalanischen und dem
Deutschen gemeinsam: analfabetisme, bagatel.la, borrasca „Unwetter", carena
„Kiel", casino, duel „Duell", escopeta „Gewehr", madrigal, novel.la „Roman",
pedant, pilot.

Aus dem Französischen sind seit dem Mittelalter zahllose Wörter entlehnt worden;
die Orthographie und Aussprache wird dabei katalanisiert: borsa „Börse", bufet
„Büfett", clixé „Klischee", croqueta „Krokette", fitxa „Zettel" usw., hotel, secreter
„Sekretär" (Möbel), silueta „Silhouette", xalet „Chalet", „Villa", xef „Chef", xofer
„Chauffeur".

Die meist in unserem Jahrhundert entlehnten Wörter aus dem Englischen werden
weitestgehend an das Katalanische adaptiert: bistec „Beefsteak" (und allgemein
„gebratenes Rindfleisch"), club, crol „Kraulen", esport „Sport", interviu m.
„Interview", locaut m. „Aussperrung", míting m. „Versammlung", repòrter.

Variation

Dialekte und regionale Formen der Hochsprache

Das katalanische Sprachgebiet ist eines der homogensten in der Romania. Dessenungeachtet gibt es aus historischen Gründen verschriftete Formen der Hochsprache neben dem Zentralkatalanischen, nämlich das Valenzianische und das Balearische (insb. das Mallorkinische), die sich allerdings nur in Einzelheiten von der zentralkatalanischen Schriftsprache unterscheiden (s. Text 3 und 4). Und da die wichtigsten Verlagshäuser in Barcelona ansässig sind, werden auch die Werke von valenzianischen und balearischen Autoren dort meist in der zentralkatalanischen Schriftsprache gedruckt, so daß die in regionalen Schriftsprachen gedruckten Werke nicht sonderlich ins Gewicht fallen.

Die wichtigste Mundartgrenze ist die zwischen dem Ost- und dem Westkatalanischen (català oriental und català occidental). Sie geht mitten durch das Fürstentum Katalonien hindurch, läßt im Norden Andorra im westkatalanischen Gebiet, verläuft etwa in Nord-Süd-Richtung bis nördlich von Santa Coloma de Queralt, von dort in Südwest-Richtung bis nördlich von Prades (bei Tarragona) und erreicht südlich von Prades das Mittelmeer (s. Karte auf S. 18). Zu den Hauptzügen des Westkatalanischen gehört die Erhaltung der vollen Vokale a, e, i, o in unbetonter Stellung; vlat. betontes [ɛ] bleibt [ɛ], z. B. cẹba > ceba ['sɛba] „Zwiebel", während vlat. betontes [ɛ] im Ostkatalanischen meist zu [e] wird: ceba ['sebə]; die Endung der 1. Person Präsens des Indikativs ist -o oder -e: canto, cante, im Ostkatalanischen hingegen -u, -i oder Ø: canto ['kantu], canti, cant; das Infix bei den Verben auf -ir ist -ix- im Indikativ, -isc- im Konjunktiv, ostkatalanisch jedoch -eix- im Indikativ und -eix- bzw. -esc- im Konjunktiv. Neben weiteren phonetischen und grammatischen Unterschieden bestehen auch lexikalische Unterschiede, vgl. westkat. espill „Spiegel", xic „Junge", corder „Schaf" und ostkat. mirall, noi, xai/be. Die Unterschiede gehen in keinem Fall so weit, daß sie die Verständigung wirklich erschweren; meist sind die Unterschiede von Mundart zu Mundart sogar recht unbedeutend.

Die katalanischen Dialekte sind folgende:

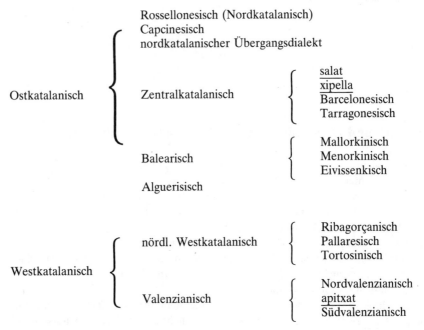

Ostkatalanisch
- Rossellonesisch (Nordkatalanisch)
- Capcinesisch
- nordkatalanischer Übergangsdialekt
- Zentralkatalanisch
  - salat
  - xipella
  - Barcelonesisch
  - Tarragonesisch
- Balearisch
  - Mallorkinisch
  - Menorkinisch
  - Eivissenkisch
- Alguerisisch

Westkatalanisch
- nördl. Westkatalanisch
  - Ribagorçanisch
  - Pallaresisch
  - Tortosinisch
- Valenzianisch
  - Nordvalenzianisch
  - apitxat
  - Südvalenzianisch

Der bedeutendste Dialekt ist das Zentralkatalanische von Barcelona, das wir oben beschrieben haben (barceloní). Als dialektal sind im Barcelonesischen Verwechslungen von [ɛ] und [e], von [ɔ] und [o] anzusehen sowie die Realisierung von [dʒ] und [ʃ] als [tʃ], z. B. trepitxar statt trepitjar „treten". Wie in allen katalanischen Stadtmundarten sind Kastilianismen häufig. Barcelonesische Formen dringen wegen ihres höheren Prestiges in die ländlichen Gebiete vor. So wird etwa die ostkatalanische dialektale Entwicklung /ʎ/ > /j/ wie in ull > ui „Auge", palla > paia „Stroh" durch den Einfluß von Barcelona rückgängig gemacht, denn /j/ gilt heute als vulgär. Im lexikalischen Bereich wird in ähnlicher Weise das ältere Wort für „Kartoffel", trumfa, allmählich durch patata ersetzt.

Das Tarragonesische (tarragoní), das nicht von allen Linguisten als eigener Dialekt angenommen wird, spricht man in und um Tarragona. Seine Hauptkennzeichen sind die Erhaltung des /v/, das damit in Opposition zu /b/ steht, ferner /tʃ/ und /dʒ/ im Silbenanlaut: txocolata statt xocolata „Schokolade", gendre ['dʒɛndrə] statt ['ʒɛndrə] „Schwiegersohn". Erhalten sind einige alte Plurale auf -ns: jóvens statt joves „jung", hómens statt homes „Menschen".

In Cadaqués und im Küstengebiet von Begur bis Blanes sprechen die ältere Generation und Seeleute salat, eine Mundart, deren Name vom Artikel es < lat. ipsum anstelle des allgemeinen Artikels el < lat. illum herrührt.

Die xipella genannte Mundart wird in einem diskontinuierlichen Gebiet an der ost-/westkatalanischen Sprachgrenze gesprochen und ist nur durch wenige Isoglossen charakterisiert, darunter vor allem [-ə] > [-i] wie in formatgi statt formatge „Käse".

Im Norden des mundartlichen Übergangsgebiets, das aus mehreren parallel zur spanisch-französischen Staatsgrenze verlaufenden Isoglossen besteht, dem Gebiet des nordkatalanischen Übergangsdialekts (català septentrional de transició), wird das Rossellonesische (rossellonès) gesprochen. Diese Mundart unterscheidet sich aufgrund der Isolierung vom übrigen Sprachgebiet seit dem Pyrenäenvertrag (1659) und der okzitanischen und französischen Einflüsse recht stark von den anderen katalanischen Mundarten. Der betonte Vokalismus besteht aus den Vokalen /i/, /e/, /a/, /o/, /u/. Dem /o/ des Zentralkatalanischen entspricht im Rossellonesischen aber /u/, z. B. ross. cançú, zentralkat. cançó „Lied". Dagegen entsprechen zentralkat. /ɛ/ und /e/ zusammen einem mittleren /e/. Die unbetonten Vokale sind /i/, /ə/, /u/; dabei schwindet oftmals vortoniges /ə/: prell statt parell „Paar", oder nachtoniges /ə/: famili statt família. Es kann auch der Fall eintreten, daß /ə/ zu /i/ geschlossen wird: pitit statt petit „klein". Beim Konsonantismus ist die uvulare Aussprache von /r/ hervorzuheben; das „gerollte" r wird im Auslaut gewöhnlich durch t verstärkt wie in se mort – es mor „er stirbt". Die romanischen Konsonantengruppen n'r und l'r bleiben erhalten, z. B. tenre statt tendre „zart", molre statt moldre „mahlen". Der Plural einiger Wörter wird in einem Teil des Sprachgebiets ohne etymologisches -n- gebildet: mà – màs statt mans „Hände", pa – pas statt pans „Brote". Das Possessivpronomen lautet meu – meua statt meu – meva usw. Ein besonderer Zug beim Verb ist die Bildung der 1. Person mit -i im Indikativ Präsens, canti, im Imperfekt, cantavi, im Konditional, cantarii. Der Infinitiv einiger Verben gehört nicht wie im Zentralkatalanischen zur 3. Konjugation, sondern zur 2.: fúger – fugir „fliehen", cúser – cosir „nähen" usw. Das zusammengesetzte Perfekt wird in bestimmten Fällen mit „sein" gebildet: som vingut – he vingut „ich bin gekommen". Im Wortschatz sind charakteristisch die Archaismen: ca – gos „Hund", oir – sentir „hören", cercar – buscar „suchen", die oft mit dem Okzitanischen und dem Französischen zusammenfallen: cambra – habitació „Zimmer", bastiment – vaixell „Schiff"; ferner die Okzitanismen, z. B. peirer – paleta „Maurer", brutx – soroll „Geräusch", und schließlich die Gallizismen (Französismen), z. B. roba – vestit „Kleid", mostarda – mostassa „Senf", façada – façana „Fassade", trotuart – vorera „Trottoir", bolanger – forner „Bäcker". Es gibt aber auch lexikalische Eigenheiten des Rossellonesischen wie oliu – olivera „Ölbaum", pallago – noi „Junge" u. a.

Das Capcinesische (<u>capcinès</u>), die Mundart des Capcir, des Hochtals der Aude nordöstlich von Puigcerdà, soll hier nur erwähnt werden; es ist stark okzitanisiert. Das Balearische (<u>balear</u>) kennt eine hochsprachliche Form, die sich aber nicht wesentlich von der zentralkatalanischen Literatursprache unterscheidet. Die Unterschiede in der Aussprache werden von den normativen Grammatiken gewöhnlich nicht in Betracht gezogen: Die Varianten wurden nicht als orthoepisches, sondern als orthographisches Problem behandelt. Zur Durchsetzung einer korrekten bzw. normativen Aussprache fehlten bis vor kurzem alle Möglichkeiten. Die wichtigsten charakteristischen Züge der balearischen Literatursprache liegen in der Morphologie des Verbs. Die 1. Person des Indikativ Präsens ist endungslos: <u>cant</u>; die 1. Person Plural hat die Endung <u>-am</u> statt <u>-em</u>: <u>cantam</u>; die 2. Person Plural <u>-au</u> statt <u>-eu</u>: <u>cantau</u>. Bei den Verben auf <u>-ir</u> mit Stammerweiterung lautet die 1. Person Indikativ Präsens auf <u>-esc</u> aus: <u>partesc</u> „ich fahre ab"; dieses Infix bleibt auch im Paradigma des Konjunktiv Präsens erhalten: <u>partesqui</u>, <u>partesquis</u>, <u>partim</u>, <u>partiu</u>, <u>partesquin</u>. Das Morphem zur Kennzeichnung des Konjunktiv Imperfekt der 1. Konjugation ist <u>-às-</u> statt <u>-és-</u>: <u>cantàs</u>, <u>cantàssis</u> usw. Unter den häufigen unregelmäßigen Verbalformen sind <u>som</u> statt <u>soc</u> „ich bin" und <u>tenc</u> statt <u>tinc</u> „ich habe" zu erwähnen. Nur im Grunde phonetisch unterscheiden sich <u>desset</u>, <u>devuit</u>, <u>denou</u> von <u>disset</u>, <u>divuit</u>, <u>dinou</u> „17", „18", „19" (s. als Beispiel Text 3).

Die literarische Form des Balearischen bringt die starke Differenzierung der entsprechenden Mundarten, der stärksten im katalanischen Sprachgebiet, nicht zum Ausdruck. Die betonten Vokale entsprechen im allgemeinen dem Zentralkatalanischen, außer daß statt [ɛ] in betonter Stellung [ə] gesagt wird: <u>ceba</u> ['səbə] statt ['sɛbə], <u>pèl</u> [pəɫ] statt [pɛɫ]. Es wird angenommen, daß die balearische Aussprache [ə] ein älteres Stadium der Sprachentwicklung darstellt. Die unbetonten Vokale werden zwar meist auch neutralisiert; wenn aber <u>a</u> und <u>e</u> in anderen Formen eines Wortparadigmas betont sind, dann werden sie nicht neutralisiert, z. B. <u>pegar</u> [pe'ga] „schlagen" statt [pə'ga], weil das <u>e</u> in <u>pega</u> ['pegə] und anderen Formen betont ist. Wie im Rossellonesischen werden auf Mallorca und in der Stadt Eivissa die Proparoxytona zu Paroxytona reduziert, wenn ein [-ə] verstummt: <u>histori</u> statt <u>història</u>, <u>famili</u> statt <u>família</u>. Im Konsonantismus ist die Aussprache von <u>v</u> als /v/ und die Reduktion von /ʎ/ zu /j/ zu vermerken: <u>fuia</u> statt <u>fulla</u> „Blatt". In einigen Orten auf Mallorca werden [k] und [g] unter bestimmten Bedingungen palatalisiert. Ein intervokalisches <u>-s-</u> wird häufig nicht gesprochen: <u>camia</u> statt <u>camisa</u> „Hemd". Neben weiteren Besonderheiten des Konsonantismus gehen die Assimilationen viel weiter als im Zentralkatalanischen, z. B. in <u>dor moros</u> für <u>dos moros</u> „zwei Mauren". Die Morphologie des Verbs in den Mundarten entspricht den literarischen Varianten des Balearischen; sie sind allerdings in den Mundarten zahlreicher. Der Artikel geht wie im <u>salat</u> auf Formen von lat. <u>ipse</u> zurück: es ca – el gos „der Hund", <u>ets homos</u> – <u>els homes</u> „die Menschen", <u>ses monges</u>

– les monges „die Nonnen" usw. Für Unica wird aber statt des „balearischen" Artikels der „literarische" verwendet, so in el món „die Welt", la Mare de Déu „die Muttergottes", el dimoni „der Teufel", la mar „das Meer" und noch weiteren speziellen Fixierungen. Die unbetonten Personalpronomina werden anders als in der Normsprache kombiniert, und der Akzent verlagert sich bei Nachstellung des unbetonten Pronomens. Im Wortschatz sind einige Arabismen bemerkenswert wie tafona „Ölmühle" oder Anglizismen auf Menorca, z. B. xoc – engl. chalk „Kreide", estop – stop u. a.; dagegen sind die Kastilianismen weniger zahlreich als sonst im katalanischen Sprachgebiet in Spanien. Ein Großteil des übrigen Wortschatzes, in dem das Balearische sich vom Zentralkatalanischen unterscheidet, sind Archaismen, Konservationen, weshalb das Balearische lexikalisch oft mit dem Westkatalanischen übereinstimmt: granera – escombra „Besen", arena – sorra „Sand", carrera – carrer „Straße", morro – llavi „Lippe", al.lot – noi „Junge", „junger Mann", ca – gos „Hund", besada – petó „Kuß", calçons – pantalons „Hosen", empegueir-se – avergonyir-se „sich schämen", idò – doncs „also", cercar – buscar „suchen" usw. Die hier genannten sprachlichen Erscheinungen sind besonders häufig und charakteristisch; jede Insel und z. T. jede Ortschaft kennt zahlreiche partikuläre Züge.

Das Algueresische (alguerès) hat ein System von sieben betonten Vokalen mit vier Öffnungsgraden; in der Distribution von /ɛ/ und /e/ entspricht es eher dem Valenzianischen. Die sonst fallenden Diphthonge iu und ui werden im Algueresischen als steigende Diphthonge gesprochen: cwína – cuina „Küche", vjúra – vídua „Witwe". Die unbetonten Vokale sind /i/, /a/, /u/; /ə/ kommt nur in Kultismen und Entlehnungen vor, und /o/ wie in ocupar „beschäftigen" scheint auf italienischen Einfluß zurückzugehen. Beispiele für unbetonte Vokale: célvul – cérvol „Hirsch", ferru – ferro „Eisen", baguda – beguda „Getränk", lu ventra – el ventre „der Bauch". Im Konsonantismus unterscheidet sich das Algueresische stark von den übrigen Mundarten. Zwar ist die labiodentale Aussprache von v auch sonst recht weit verbreitet, aber besonders die Entsprechungen von -d-, -l- sowie l + Konsonant und Konsonant + l verfremden die Mundart. So kann vira einerseits vida „Leben", andererseits vila „Stadt" bedeuten. Weitere Beispiele: jarara – gelada „Frost", taurara – teulada „Ziegeldach", brau – blau „blau", curpa – culpa „Schuld", carça – calça „Strumpf". Und r vor Konsonant wird zu l: jalmana – germana „Schwester". Intervokalisches -dr- wird zu -rr-: perra – pedra „Stein". Vor Konsonant und im Auslaut wird /ʎ/ zu /l/: fils – fills „Söhne", „Kinder", col – coll „Hals". Statt /ʎʎ/ wird im Algueresischen /l/ gesagt: espala – espatlla „Schulter". In der Morphologie des Substantivs sind nach dem Muster von pa – pans analogische Plurale gebildet worden: ju – juns statt jou – jous „Joche"; ebenso nach dem Muster senyó – senyols (= senyor – senyors): cafè – cafels. Die Namen der Obstbäume werden wie im Sardischen mit arbre + Frucht gebildet, nach dem Typ arbre de poma – pomera „Apfelbaum". Aus dem Italienischen stammt das Diminutivsuffix -utxo: llit „Bett" – llitutxo; und aus dem Sardischen -edu: porc – porquedu „Schweinchen". Das Paradigma des Indikativ Präsens lautet (von mirar „schauen") mir, miras, mira, mirem, mirau, miran. Die Verben auf -er, -re und -ir bilden den Indikativ Imperfekt auf -(e)va, -(i)va: seieva – seia „er saß", lligiva – llegia „er las". Im Wortschatz haben sich wie im Balearischen oder im Valenzianischen zahlreiche Archaismen erhalten. Besonders bedeutsam sind für das Algueresische Entlehnungen aus dem Sardischen: anca – cama „Bein", sua – truja „Sau", frucar – nevar „schneien"; und aus dem Italienischen, das alle Bereiche des öffentlichen Lebens beherrscht: indiriz – adreça „Adresse", sécol – segle „Jahrhundert", pla terré – planta baixa „Erdgeschoß", mazalaio – carnisser „Metzger", „Fleischer", autista – xofer „Chauffeur". Umgekehrt sind aufgrund der langen katalanischen Herrschaft über Sardinien viele katalanische Wörter in das Sardische gedrungen.

Die Grenze zwischen dem Ost- und dem Westkatalanischen wurde oben angegeben. Die Grenze zwischen dem Westkatalanischen und dem Aragonesischen ist wegen des allmählichen Übergangs von einer Mundart zur anderen nur schwer zu bestimmen. Dagegen verlaufen die Isoglossen zum Kastilischen von Tamarit nach Süden gebündelt. Die Grenze des Westkatalanischen verläuft also von der spanisch-französischen Sprachgrenze ungefähr in Ost-West-Richtung, läßt die Vall d'Aran im okzitanischen (gaskognischen) Sprachgebiet und verläuft von Bono (Ribagorça) an in Nord-Süd-Richtung. Die westlichsten katalanischen Orte sind Bono, Castanesa, Les Paüls, Roda d'Isàbena, Llaguarres, Calassanç, Açanui, Sant Esteve, Saidí, Fraga, Mequinensa (am Ebro), Nonasp, Massalió, Aiguaviva, Vilafranca del Maestrat (Villafranca del Cid), Llucena (Lucena del Cid), Casinos, Vilamarxant, Llombai, La Font de la Figuera, Monòver, Guardamar (an der Mündung des Segura).

Für die Mundart im Nordwesten des katalanischen Sprachgebiets wird heute der Name nördliches Westkatalanisch (català nord-occidental) dem Namen Lleidatanisch (lleidatà) vorgezogen. Im betonten Vokalismus hat diese Mundartengruppe als Besonderheit meist nur /o/ statt eines o mit zwei Öffnungsgraden. Unbetontes a und e wird oft zu /a/ neutralisiert: astar – estar „sein", aspés – espès „dicht". Vor /j/ und /w/ werden b und g geminiert: gàbbia – gàbia „Käfig", egguarà – guarà „(Esel-)Hengst" (vgl. Italienisch). Die Formen des Artikels sind lo, l', la, l', los, les. Die unbetonten Personalpronomina behalten gewöhnlich ihre vollen Formen: me, te, se, mos, vos, lo, la. Soweit sich der Wortschatz vom Zentralkatalanischen unterscheidet, weist er Übereinstimmungen mit dem Valenzianischen oder dem Balearischen auf. Einige Wörter finden sich dagegen nicht in anderen Mundarten, z. B. moixó – ocell „Vogel", plapa – clapa „Fleck", sangartalla – sargantana „Mauereidechse".

Das Pallaresische (pallarès), das im Pallars, d. h. im Tal der Noguera Pallaresa, gesprochen wird, ist der konservativste katalanische Dialekt. Das e aus lat. ai, ac(t) hat sich zu /ɛ/ und nicht wie sonst zu /e/ entwickelt, etwa in carrer, fet; -i-, -di- > -j- bleibt erhalten, z. B. mayor – major, lat. podium > pui – puig „Hügel". Das t in -nt (wie vent) und -lt (wie alt) wird gesprochen. Wie im Rossellonesischen bleiben die Nexus n'r, l'r erhalten: tenre, molre. Der Artikel hat im Plural nur die eine Form les und als Schnellsprechform es. Die Verben auf -re und -ir haben im Indikativ Imperfekt die Form -(e)va, -(i)va: bativa – batia „ich schlug", dormiva – dormia „ich schlief".

Ribagorçanisch (ribagorçà) spricht man in der Ribagorça und in der sich südlich daran anschließenden Llitera. Sprachgeschichtlich bedeutsam ist, daß ac(t) > ei in diesem Dialekt erhalten bleibt: feit – fet „Tat", lleit – llet „Milch". Einige Wörter lauten auf -o aus: uno – un „ein", pino – pi „Pinie", „Kiefer", molto – molt „viel", „sehr". Das Ribagorçanische hat weniger Phoneme als das Ostkatalanische, z. B. fehlen /z/, /ʒ/, /dʒ/; dafür hat es aber ein /θ/ wie das Kastilische, z. B. in parents, das auf eine eigenständige Entwicklung zurückgeht. Dagegen stammt /χ/ aus dem Kastilischen. Die für die kastilische Entwicklung pl-, cl-, fl- > ll- vorauszusetzende Phase pll-, cll-, fll- (z. B. für llave, kat. clau) ist im Ribagorçanischen in diesen Fällen und außerdem bei bl-, gl- geblieben: cllau – clau „Schlüssel", pllorá – plorar „weinen", bllau – blau „blau", flló – flor „Blume" usw. Der Plural des Femininums wird oft mit -as statt mit -es gebildet. Der Wortschatz kennt sehr viele Besonderheiten, darunter Gemeinsamkeiten mit dem Aragonesischen und dem Gaskognischen.

Das Gebiet des Tortosinischen (tortosí) umfaßt fast den gesamten Süden des nördlichen westkatalanischen Sprachraums. Dieser Übergangsdialekt zum Valenzianischen ist weit weniger untersucht worden als die anderen.

Wie im Falle des Balearischen sind auch für das Valenzianische (valencià) Varianten in der Literatursprache zugelassen. Die Varianten betreffen meist die Morphologie des Verbs. So lautet die 1. Person des Indikativ Präsens auf -e aus: cante statt canto. Im Konjunktiv Präsens der 1. Konjugation bleiben die alten Formen auf -e erhalten, z. B. cante, cantes usw. statt canti, cantis; in der 2. und 3. Konjugation ist das Morphem des Konjunktivs -a: vinga, vingues, vinga usw. statt vingui, vinguis, vingui (vgl. die altkat. Formen auf S. 28). Der Konjunktiv Imperfekt wird nicht durch -és, -ís gekennzeichnet, sondern durch -(a)ra, -(e)ra, -(i)ra: cantara, vinguera, partira; aber cantàs, vingués, partís sind auch möglich. Der zentralkatalanischen Stammerweiterung -eix- der Verben auf -ir entspricht im Valenzianischen -ixc, -ixes für den Indikativ Präsens: partixc, partixes statt parteixo, parteixes; und -ixc- für den Konjunktiv Präsens: partixca, partixques usw. statt parteixi, parteixis. Das System der valenzianischen Demonstrativpronomina ist dreistufig; für den Ort der 1. Person ist neben dem üblichen aquest außerdem est, esta, estos, estes zulässig, für den Ort der 2. Person werden neben Formen wie aqueix auch eix, eixa, eixos, eixes verwendet; im Gebrauch von aquell besteht kein Unterschied zum Zentralkatalanischen. Beim

Possessivpronomen weichen die femininen Formen meua, teua, seua statt meva, teva, seva im Singular und meues, teues, seues statt meves, teves, seves im Plural vom Zentralkatalanischen ab. Der Dativ des unbetonten Personalpronomens, li, wird in Kombinationen nicht durch hi ersetzt: li'l, li-la, li'ls, li-les. Die Plurale von home „Mensch", „Mann", terme „Ende", „Ausdruck", verge „Jungfrau", ase „Esel" und einigen anderen Wörtern lauten wie im Altkatalanischen homens, termens, vergens, asens. Die Zahlen 17 und 19 haben die Formen desset und denou (neben disset, dinou). Da phonologisch dem zentralkatalanischen /ɛ/ meist ein /e/ entspricht, werden zahlreiche Wörter nicht mit Gravis, sondern mit Akut geschrieben: cinqué, vosté, café, conéixer „kennen", entés „verstanden", promés „versprochen" usw.

Der Vokalismus der valenzianischen Dialekte unterscheidet sich nur in Einzelheiten vom allgemeinen westkatalanischen Vokalismus. Im Inventar der konsonantischen Phoneme fehlt /ʒ/; dagegen existiert ein /v/. Der Nexus /bl/ wird mit einem frikativen b realisiert: poble ['pɔble] statt ['pɔbblə]. Die Phoneme /p/, /t/, /k/ im Wortauslaut werden bei folgendem Vokal [b], [d], [g] gesprochen, z. B. sac ample als sag ample „weiter Sack". Die Phoneme /dʒ/ und /tʃ/ erscheinen auch im Silbenanlaut, z. B. in jove „jung", marxar „marschieren". Intervokalisches -d- in -ada wird nicht gesprochen: cremá statt cremada „verbrannt"; in -ador ist die Erhaltung oder das Verstummen des d möglich: llaurador, llauraor „Bauer". Auslautendes -r wird meist gesprochen, z. B. in cantar, senyor, dir; ebenso -t, -g, -c in den Nexus -nt, -lt, -ng, -nc, z. B. gent „Leute", molt „sehr", banc „Bank". In der Morphosyntax existieren neben den literarischen Varianten noch einige weitere Unterschiede zum Zentralkatalanischen, so etwa die Verwendung des einfachen Perfekts vom Typ cantí „ich sang" statt vaig cantar (vgl. Text 4). Im Wortschatz fallen Gemeinsamkeiten mit dem Kastilischen auf, die nicht auf Entlehnung zurückgehen: aplegar – span. llegar – arribar „ankommen", llavar – span. lavar – rentar „waschen", prompte – span. pronto – aviat „bald", xic – span. chico – noi „Junge"; Archaismen wie fenoll statt fonoll „Fenchel", colp statt cop „Schlag" und zahlreiche semantische Sonderentwicklungen. Infolge seiner besonderen Geschichte sind im Valenzianischen mehr und z. T. andere Wörter aus dem Kastilischen entlehnt worden als im Zentralkatalanischen: entonces – aleshores „dann", tenedor – forquilla „Gabel".

Die Unterschiede innerhalb der valenzianischen Dialekte sind in erster Linie phonetischer Art. Den wichtigsten Dialekt, das apitxat, spricht man in València und nördlich davon bis über Sagunt hinaus und im Gebiet zwischen dem Túria und dem Xúquer (span. Júcar), aber ohne Sueca und Cullera. Apitxat bedeutet „gequetscht", „gedrückt", was sich auf die stimmlose Aussprache von /z/, /dʒ/, /dz/ bezieht, die mit /s/, /tʃ/ und /ts/ zusammenfallen. Während man sonst im Valenzianischen /v/ und /b/ unterscheidet, tut man dies im apitxat nicht.

Das Nordvalenzianische (valencià septentrional) wird im Norden durch das Tortosinische und im Süden durch das apitxat begrenzt; die wichtigste Stadt dieses Gebiets ist Castelló de la Plana. In der Ebene fallen /dz/ und /dʒ/ in /dʒ/ und /ts/ und /tʃ/ in /tʃ/ zusammen, z. B. in dotze ['dodʒe], tots [totʃ] „alle". Statt /ʃ/ sagt man /is/ in bestimmten Fällen: caixa ['kaisa] „Kiste", „Kasse". Dem anlautenden x- entspricht manchmal im Nordvalenzianischen ein s-: seixa – xeixa „Weizen", simple – ximple „dumm".

Das Südvalenzianische (valencià meridional) ist die Mundart, die sich südlich an das apitxat anschließt und bis südlich von Elx (d. h. in der Provinz Alacant) gesprochen wird. Zu seinen Zügen gehört der Diphthong au statt ou, etwa in maure – moure „bewegen". In einigen Fällen besteht Vokalharmonie: serre statt serra „Gebirge", terre statt terra „Erde", porto statt porta „Tür". Sehr oft verstummt intervokalisches -d-: sea – seda „Seide", roa – roda „Rad"; so auch auslautendes -r. Der Artikel ist im Maskulinum und Femininum Plural vor Konsonant einheitlich es: es vaques – les vaques „die Kühe". Periphrastische Formen des Typs vaig cantar dominieren gegenüber cantí. Am Wortschatz ist die sehr unterschiedliche Herkunft der Besiedler zu erkennen, die sowohl aus dem ost- als auch aus dem westkatalanischen Gebiet kommen. Eine Besonderheit ist die mallorkinische Sprachinsel von Tàrbena und Vall de Gallinera, die auf eine Kolonisierung im 17. Jahrhundert nach der Vertreibung der Morisken zurückgeht.

Soziolekte und Stilebenen

Die wichtigsten Unterschiede im Diasystem des Katalanischen sind die dialektalen und die stilistischen Unterschiede; dagegen sind die Soziolekte nur in einigen marginalen Fällen gut charakterisiert. Stattdessen funktionieren die Dialekte teilweise als Soziolekte, ebenso die Stilebenen bzw. Sprachniveaus. Um nur ein Beispiel für das Sozialprestige eines Dialekts zu geben: Das apitxat wird, unter anderem weil es die Stadtmundart von València ist, von seinen Sprechern für sozial höher eingeschätzt als die beiden anderen valenzianischen Hauptmundarten, die ihrerseits von Sprechern des apitxat für „bäurisch" gehalten werden können. Umgekehrt ist man sich in Barcelona aufgrund des Bewußtseins einer katalanischen Sprachnorm dessen bewußt, daß man ein „schlechtes", d. h. kastilisiertes Katalanisch spricht, demgegenüber das Katalanisch im übrigen Katalonien als „besser", „reiner" gelten kann. Zu den katalanischen Soziolekten und der sozialen Einschätzung der Dialekte liegen kaum Untersuchungen vor, so daß hier keine genauen Angaben möglich sind; vielmehr galt bisher in der katalanischen Soziolinguistik das Hauptinteresse der katalanisch-kastilischen Diglossie und durchaus auch der Verteidigung des Katalanischen, während die interne soziale Schichtung des Katalanischen nicht eigentlich thematisiert wurde.

Die Verteidigung des Katalanischen gegen das Kastilische hat ihre guten Gründe. Denn die Allgegenwart des Kastilischen in den Bereichen der Öffentlichkeit schränkt einerseits die Normalisierung des Katalanischen ein, andererseits beeinflußt das Kastilische stark die geschriebene und noch mehr die gesprochene Sprache (vgl. S. 12 f.). Da sich zudem die Kenntnis des Bestehens einer katalanischen Sprachnorm durchgesetzt hat, die man sprechen sollte, aber doch meist nicht kann, haben die Forderungen nach sprachlicher Korrektheit eine große Bedeutung gewonnen. Wegen des starken Normbewußtseins der Katalanen und des Wissens, daß sie ihrer eigenen offiziellen Sprachnorm nicht gerecht werden, schätzen sie ihre tatsächlich gesprochene Sprache gering ein. So ist das Hauptproblem der Sprachniveaus das Problem der Korrektheit, wobei die Korrektheit in der Sprache der Literatur und in den gedruckten Texten allgemein durchgesetzt ist (dafür sorgen z. T. auch die Verlagslektoren), während die wirklich gesprochene Sprache wegen ihrer Kastilisierung und in zweiter Linie wegen ihrer Beeinflussung durch die regionale Umgangssprache für unkorrekt gehalten wird. Von den Verfechtern des korrekten Katalanisch wird die Kluft zwischen geschriebener und gesprochener Sprache in der Weise zu überbrücken versucht, daß man die Literatursprache zur Standardsprache machen will. Diese Tendenz führt bei einem sehr kleinen Teil der zentralkatalanischen Bildungsschicht zu einem Soziolekt, der sich durch literarische Aussprache in der Alltagssprache charakterisieren läßt (s. o. S. 45–51). Nur literarisch sind bzw. nur geschrieben werden Formen wie llur statt seu, àdhuc statt fins i tot „sogar", cantí statt vaig cantar, aqueix, açò, ací.

Das Katalanische ist als Sprache der Literatur und der Wissenschaften grundsätzlich mit anderen Kultursprachen vergleichbar. Als Standardsprache jedoch ist diese Vergleichbarkeit nur beschränkt gegeben, denn eine katalanische Standardsprache ist noch nicht voll entwickelt. Sie ist nicht einheitlich, sondern regional differenziert; ihre Beschreibung wäre trotz der Gemeinsamkeiten, die weitaus zahlreicher sind als die Unterschiede, äußerst komplex, weshalb sie wohl auch noch nicht unternommen worden ist. Hier gebe ich im weiteren nur einige Hinweise auf die zentralkatalanische Standardsprache. Als Beispiel für das Valenzianische mag der Text 4 und für das Mallorkinische die direkte Rede in Text 3 gelten. In jedem Fall aber ist zu bedenken, daß auch die schriftliche Wiedergabe gesprochener Sprache literarisch stilisiert ist.

Die Standardsprache wird in der Regel nur gesprochen, nicht geschrieben, da die Mehrzahl der Katalanen die eigene Schriftsprache nicht gelernt hat. Einer schnellen Entwicklung der Standardsprache steht das Dominieren des Kastilischen in den Massenmedien und überhaupt bei zahlreichen formellen Anlässen entgegen. So kommt es, daß es zwar in vielen Bereichen besondere Standardformen gibt, wie etwa in der Phonetik abre statt arbre „Baum" oder im Wortschatz tornar-se statt esdevenir „werden", aber nicht in allen, denn in manchen Fällen gibt es neben literarischen Formen nur Substandardformen, die entweder Kastilianismen sind wie barco für vaixell „Schiff", sello für segell „Briefmarke", busson für bústia „Briefkasten" oder regionale Kolloquialismen wie coranta für quaranta „40", dugues für dues „2", jonoll für genoll „Knie" usw. Gebildete Sprecher sprechen in diesem Fall ein normatives Katalanisch mit hohem Sozialprestige, aber geringer sozialer Verbreitung.

Des weiteren besteht ein familiäres, ein kolloquiales, ein vulgäres Sprachniveau, von deren Charakterisierung im einzelnen wir hier absehen wollen. Innerhalb des kolloquialen Sprachniveaus kann man eine Redeweise unterscheiden, das besonders von Frauen der Mittelschicht gesprochene bleda, das möglicherweise als Soziolekt funktioniert. Zu seinen Zügen gehört die nicht velare Aussprache des [l], die Beibehaltung des unbetonten o in einigen Wörtern wie foto sowie im Wortschatz eine Mischung aus Archaismen, Kultismen und Entlehnungen aus anderen Sprachen.

Innerhalb der Vulgärsprache sind oder waren einige Soziolekte kennzeichnend für bestimmte soziale Gruppen: caló, murrialla, xava und xarnego. Das caló ist eigentlich die Sprache der Zigeuner. Die Zigeuner in den katalanischen Ländern sprechen heute katalanisch, sie haben aber in ihrem Katalanisch zahlreiche Wörter und einige Elemente der Morphologie des ursprünglichen caló bewahrt. Manche Wörter des caló sind in die Gemeinsprache übergegangen, etwa calés für diners „Geld". Das murrialla-Argot („Gaunersprache") wurde, wie auch das caló, bis zum Anfang dieses Jahrhunderts gesprochen; seine Bedeutung ist nur noch historisch, da viele Wörter des murrialla-Argots in die familiäre Sprache von Barcelona eingegangen sind. Das xava (ein Wort des caló, das „Junge" bedeutet) und das xarnego sind katalanisch-kastilische Mischformen, die vor allem von Zuwanderern gesprochen werden, wobei im xava das Katalanische und im xarnego das Kastilische dominieren, doch scheint der Unterschied eher sozial als sprachlich zu sein.

Die Kastilianismen sind an sich nicht typisch für bestimmte soziale Schichten, sondern sie kommen in unterschiedlichem Ausmaß bei mehr oder weniger allen Sprechern vor. Aber es werden nicht in allen Gegenden des Sprachgebiets dieselben Kastilianismen verwendet. Die folgende Auswahl soll deutlich machen, in welche elementaren Bereiche des Katalanischen das Kastilische in der gesprochenen Sprache Barcelonas gedrungen ist; zuerst wird die kastilisierte Form, danach die empfohlene gegeben: tio – oncle „Onkel", lentes/gafes – ulleres „Brille", passillo – corredor „Korridor", un tonto – un beneit „ein Dummkopf", no me n'he donat compte – no me n'he adonat „ich habe es nicht gemerkt", antes – abans „vorher", hasta – fins „bis", algo – alguna cosa „etwas", pues – doncs „also", desde luego! – i tant! „aber natürlich!", loco – boig „verrückt", gordo – gras „dick", cuidado! – vigila! „paß auf!", lujo (mit [χ]) – luxe „Luxus", ensaig – assaig „Versuch", un dent – una dent „ein Zahn", el calor

125

– la calor „die Hitze", tens que fer-ho – has de fer-ho „du mußt es tun", és precís –
cal „es ist nötig", que està el Joan? – que hi ha el Joan? „ist Joan da?" usw.

Diese knappe Charakterisierung der Soziolekte und Stilebenen ist rein vorläufig
gemeint: Zum einen fehlt es an Untersuchungen, zum anderen ist das Katalanische
in diesen Bereichen einem starken Wandel unterworfen.

Texte

Die folgenden Texte sind nach zwei Gesichtspunkten ausgewählt worden: Zum einen sollen die regionalen Literatursprachen belegt werden, also das „Katalanische" (Text 1, 2, 5), das Mallorkinische (Text 3) und das Valenzianische (Text 4); zum anderen sollen Textsorten wie Erzählung, Bericht, Dialog, Redewiedergabe vorkommen.

Text 1

Aus: Salvador Espriu, Obres completes, Bd. I, Poesia, Barcelona 1977[3]

Aquesta pau és meva,	Dieser Friede ist mein,
i Déu em vetlla.	und Gott wacht über mich.
Dic a l'arrel, al núvol:	Ich sage zur Wurzel, zur Wolke:
„Aquesta pau és meva."	„Dieser Friede ist mein."
Des del jardí contemplo	Vom Garten schaue ich,
com passen lentes hores	wie langsame Stunden
pels meus ulls enigmàtics.	durch meine rätselhaften Augen gehen.
I Déu em vetlla.	Und Gott wacht über mich.

Salvador Espriu (geb. 1913) ist für die moderne katalanische Dichtung repräsentativ, die aufs Ganze gesehen „klassisch" orientiert ist (auch wenn Espriu selbst innerhalb der katalanischen Literatur nicht als klassisch gilt).

Text 2

Aus: Mercè Rodoreda, La plaça del Diamant, Barcelona 1972[9], S. 152

I quan em pensava que ja no veuria mai més
Und als ich glaubte, daß ich Quimet nie mehr wiedersehen würde,
en Quimet perquè se n'havia anat a la guerra, em va arribar un
weil er in den Krieg gegangen war, kam er eines

diumenge, brut de pols i carregat de menjar.
Sonntags zu mir, staubbedeckt und mit Lebensmitteln beladen.
Va deixar els paquets damunt de la taula i el revòlver i l'escopeta.
Er ließ die Pakete auf dem Tisch und den Revolver und das Gewehr.
Va dir que necessitaven matalassos i se'n va endur dos:
Er sagte, daß sie Matratzen bräuchten, und nahm zwei mit:
el del nen, que va dir que podia dormir amb mi, i el del
die des Jungen, der, sagte er, bei mir schlafen könne, und die aus
meu llit de noia, de llautó. Va dir que estaven molt ben
meinem Mädchenbett, aus Messing. Er sagte, daß sie sehr gut
atrinxerats i que amb els de l'altra banda de vegades s'enraonaven
verschanzt seien und daß sie sich manchmal mit denen von der
de trinxera a trinxera
anderen Seite von einem Schützengraben zum anderen unterhielten,
però que si un badava i treia el cap a fora
daß sie aber, wenn einer guckte und den Kopf rausstreckte,
li engegaven un tret i l'estenien.
einen Schuß auf ihn abgäben und ihn niederschießen würden.
Em va dir que no els faltava menjar i que
Er sagte mir, daß es ihnen nicht an Lebensmitteln fehle und daß
tothom estava amb ells i que hi havia molta gent del camp que
jeder zu ihnen halte und daß viele Landleute da seien, die
se'ls ajuntava per engruixir els rengles, però que
zu ihnen kämen, um ihre Reihen zu verstärken, daß sie sie aber,
quan havien de regar els horts o de donar menjar al bestiar, doncs
wenn sie die Gärten bewässern oder das Vieh füttern mußten, doch
els deixaven marxar i després tots tornaven. Que es passaven
weggehen ließen und daß sie hinterher alle wiederkämen. Daß
dies i dies amb un gran ensopiment i sense trets,
Tage und Tage in großer Schläfrigkeit vergingen und ohne Schüsse,
sense enraonar-se amb els del davant, tota l'estona dormint
ohne Unterhaltung mit denen drüben, die ganze Zeit schlafend,
i que de tant dormir sempre estava desvetllat i es passava
und daß er von so viel Schlafen immer wach sei und die Nächte
les nits mirant els núvols i les estrelles i que
damit zubringe, die Wolken und die Sterne zu betrachten und daß
mai no hauria pensat que n'hi haguessin tantes i de tantes mides,
er nie gedacht hätte, daß es so viele und von so vielen Größen

sempre tancat a l'establiment fent mobles i
gäbe, wo er doch immer in der Werkstatt eingesperrt Möbel und
més mobles. I l'Antoni volia saber més coses i
noch mehr Möbel gemacht habe. Und Antoni wollte mehr wissen und
se li asseia a la falda i li feia ensenyar com es disparava
setzte sich ihm auf den Schoß und ließ sich zeigen, wie man mit
el revòlver i en Quimet li deia que la guerra
dem Revolver schießt, und Quimet sagte zu ihm, daß der Krieg,
que ell feia no era guerra i que seria l'última. I
den er mitmache, kein Krieg sei und daß es der letzte sei. Und
l'Antoni i la Rita estaven com enamorats del seu pare i ell els
Antoni und Rita waren wie verliebt in ihren Vater und er sagte
va dir que el diumenge vinent els portaria joguines, baturrets
ihnen, daß er ihnen am nächsten Sonntag Spielzeug, Bauern- und
i baturretes. Vam dinar molt bé
Bäuerinnenfiguren, mitbringen würde. Wir aßen sehr gut zu Mittag,
i després va haver de buscar corda per lligar els matalassos
und danach mußte er Schnur suchen, um die Matratzen zusammenzubinden,
i va anar a casa l'adroguer, que no estava gaire content amb en
und er ging zum Kaufmann, der nicht besonders von Quimet
Quimet perquè em feia comprar les veces dels coloms en una altra
erbaut war, weil er mich die Wickensamen für die Tauben woanders
banda. L'adroguer, el vam cridar, abans, per la galeria,
kaufen ließ. Den Kaufmann, den riefen wir vorher über die Galerie,
perquè tenia la persiana de ferro canaleta tirada avall,
weil er den kannelierten Eisenrolladen heruntergezogen hatte,
de seguida li va donar un tros molt llarg de corda, més de la que
sofort gab er ihm ein langes Stück Schnur, mehr als
necessitava i també li va donar sacs i en Quimet va dir que
er brauchte, und er gab ihm auch Säcke, und Quimet sagte, daß
els sacs anirien de primera per fer parapet.
sich die Säcke hervorragend für Brustwehren eignen.

In La plaça del Diamant (1962) erzählt Mercè Rodoreda (geb. 1909) in der Form des inneren Monologs die Geschichte einer einfachen Frau, Colometa, in Barcelona vor, während und nach dem Spanischen Bürgerkrieg. In diesem Textstück wird dargestellt, wie ihr Mann Quimet (Diminutiv von Joaquim) für einen Sonntag von der aragonesischen Front nach Hause zurückkehrt.

Die literarische Form des inneren Monologs bringt für die Autorin die Schwierigkeit mit sich, gesprochene Sprache auf natürliche Weise in der literarischen Norm wiederzugeben. Es ist ihr gelungen, zwischen der gesprochenen Sprache und der Norm ein Gleichgewicht zu halten. So ist der Text außer durch zahlreiche Kolloquialismen durch den Gebrauch des Perfekts mit <u>anar</u> + Infinitiv für die Erzählung „aktueller" Ereignisse charakterisiert. Grammatisch ist hier die Verwendung des Indikativs in der indirekten Rede belegt und die Zeitenfolge nach Vergangenheitstempora, d. h. z. B. Imperfekt (<u>necessitaven</u>) statt Präsens (<u>necessiten</u>), Konditional (<u>veuria</u>) statt Futur (<u>veuré</u>).

Text 3

Aus: Llorenç Villalonga, <u>Bearn o la Sala de les Nines</u>, in: <u>Obres completes</u>, I, Barcelona 1966, S. 474–476

<u>El dilluns de Nadal rebérem una nota de la Secretaria</u>
Am Weihnachtsmontag erhielten wir eine Note vom Sekretariat
<u>de l'Ambaixada espanyola recordant i confirmant que</u>
der Spanischen Botschaft, die daran erinnerte und bestätigte,
<u>el Sant Pare ens concedia l'audiència sol.licitada.</u>
daß der Heilige Vater uns die erbetene Audienz gewähre.
<u>La nota anava acompanyada de l'avís de l'Antecambra Pontifícia,</u>
Der Note lag ein Bescheid des Päpstlichen Vorzimmers bei,
<u>concebut en els termes següents:</u>
der in folgende Worte gefaßt war:
<u>„Es prevé al senyor don Antoni de Bearn i senyora, i al</u>
„Es ist für Herrn don Antoni de Bearn und Gemahlin, und für
<u>seu sacerdot i secretari, don Joan Mayol, que</u>
seinen Priester und Sekretär, don Joan Mayol, vorgesehen, daß
<u>la Santedat de Lleó XIII es dignarà de rebre'ls el proper dia</u>
die Heiligkeit Leos XIII. geruhen wird, sie den nächsten
<u>31 a les 11 del matí. Vestit d'etiqueta. Es prega</u>
31. um 11 Uhr morgens zu empfangen. Gesellschaftsanzug. Um das
<u>la presentació d'aquest avís a l'entrada de l'antecambra."</u>
Vorzeigen dieses Bescheids am Eingang des Vorzimmers wird gebeten."
<u>Vaig proposar als senyors que dedicàssim la setmana</u>
Ich schlug der Herrschaft vor, die Woche der strengsten
<u>al més absolut recolliment i començàssim uns exercicis espiri-</u>
Sammlung zu widmen und einige geistliche Übungen als Vorberei-

tuals com a preparació a la mercè que anàvem a rebre.
tung für die Gnade zu beginnen, die wir empfangen würden.
Dona Maria Antònia es mostrà conforme; el senyor féu
Dona Maria Antònia zeigte sich einverstanden; der Herr machte
algunes objeccions.
einige Einwände.
  – Crec – digué – que es recolliment espiritual és molt
„Ich glaube", sagte er, „daß die geistliche Sammlung sehr
convenient, però no tots l'entenen de sa mateixa
angebracht ist, aber nicht alle verstehen sie auf dieselbe
manera. A sa senyora i a tu allò que principalment vos interessa
Weise. Was die Herrin und dich hauptsächlich interessiert,
és sa benedicció papal.
ist der päpstliche Segen.
  – Tonet – replicà ella –, ja saps que no m'agrada
„Tonet", erwiderte sie, „du weißt ja, daß ich niemandem gerne
interrompre perquè de petita m'ensenyaren que
ins Wort falle, weil man mir als Kind beigebracht hat, daß
no hi ha res tan lleig, però ara ho faré.
es nichts so Häßliches gibt, aber jetzt muß ich es tun.
I et deman: què pot interessar d'un Papa sinó
Und ich frage dich: Was kann an einem Papst interessieren, wenn
sa seva benedicció? Respon. M'agradarà veure com
nicht sein Segen? Antworte. Ich möchte gerne wissen, wie du
contestes.
antwortest.
Els seus ulls el miraven amb una atenta curiositat.
Ihre Augen betrachteten ihn mit aufmerksamer Neugierde.
El senyor li agafà una mà, i, amb el dit índex,
Der Herr faßte sie bei einer Hand und streichelte ihr mit dem
li acariciava una ungla. A la fi digué:
Zeigefinger einen Fingernagel. Schließlich sagte er:
  – Es costum d'interrompre prové, em sembla, d'es dies
„Die Gewohnheit, einem ins Wort zu fallen, kommt wohl aus den Tagen
de sa República. És un vici romàntic o, si vols,
der Republik. Sie ist ein romantisches oder, wenn du willst,
anàrquic, propi de gent indisciplinada. Hem de
anarchisches Laster von undisziplinierten Leuten. Wir müssen

131

reconèixer que abans hi havia més educació. Es teu senyoravi,
bekennen, daß das Benehmen davor besser war. Dein Großvater,
Maria Antònia, que era es meu, em contava que
Maria Antònia, der auch meiner war, erzählte mir, daß ich als
de petit . . .
kleines Kind . . ."
    – Sí, allò de sa canya – interrompé per segona vegada
„Ja, das mit dem Rohrstock", unterbrach dona Maria Antònia
dona Maria Antònia.
zum zweitenmal.
El senyor la mirà fixament i li amollà la mà.
Der Herr sah sie starr an und streichelte ihr die Hand.
    – En Joan tal vegada no ho sap, Maria Antònia.
„Joan weiß das vielleicht nicht, Maria Antònia.
I, dirigint-se a mi, explicà:
Er wandte sich mir zu und erklärte:
    – A ca'l senyoravi eren sis germans. Son pare,
„Im Hause des Großvaters waren sechs Geschwister. Ihr Vater,
don Ramon, els feia seure una hora cada dia
don Ramon, ließ sie jeden Tag eine Stunde mit der Mutter, den
dins sa sala, amb sa mare, ses ties i es capellà. Sa senyora
Tanten und dem Kaplan im Saal sitzen. Die Herrin
encetava sa conversa parlant d'es temps. Seguia es capellà,
begann das Gespräch und redete über das Wetter. Es folgte der
que aprofitava s'ocasió per treure qualque conseqüència
Kaplan, der die Gelegenheit ergriff, um daraus irgendeine Folgerung
d'ordre moral – aquí el senyor em mirà –.
für die Moral zu ziehen." Hierbei sah der Herr mich an.
Ses ties intervenien i feien intervenir ses persones
„Dann redeten die Tanten mit und veranlaßten die Erwachsenen
grans. Don Ramon presidia l'acte amb una canya
auch dazu. Don Ramon führte bei diesem Vorgang mit einem Rohrstock
en sa mà. Si qualque nin interrompia, li pegava
in der Hand den Vorsitz. Wenn ein Kind unterbrach, gab
un cop damunt es cap.
er ihm einen Schlag auf den Kopf."
    – Així és – digué dona Maria Antònia –. Don Ramon era
„So ist es", sagte dona Maria Antònia. „Don Ramon war

un homo molt recte.
ein sehr rechtschaffener Mann."
– És llàstima – afegí l'espòs – que de vell
„Schade", fügte der Gatte hinzu, „daß es mit ihm im Alter
es desbaratà una mica, com es reis de sa Bíblia.
ein wenig abwärts ging, wie mit den Königen in der Bibel . . ."
– Déu meu, Tonet, ¿a què ve ara treure es reis de sa
„Mein Gott, Tonet, wozu die Könige aus der Bibel bemühen?
Bíblia? Deixa en pau es morts. Interrompre – continuà – és un
Laß die Toten in Frieden. Jemandem ins Wort zu fallen", fuhr sie fort, ist ein
vici lleig i jo ho acab de fer dos pics, però
häßliches Laster, und ich habe es soeben zweimal getan, aber
malgrat sa història de sa canya (que en Joan ja sabia)
trotz der Geschichte mit dem Rohrstock (die Joan schon kannte,
perquè là hi has contada altres vegades) i
weil du sie ihm bei anderen Gelegenheiten erzählt hast), und
que ja hi mesclaves es reis de sa Bíblia, sé
obwohl du damit die Könige der Bibel zusammenbringst, weiß ich
molt bé per què t'he interromput: has dit
sehr wohl, warum ich dir ins Wort gefallen bin: Du hast gesagt,
que sa benedicció del Papa no és s'objecte principal d'es nostro
daß der Segen des Papstes nicht der Hauptzweck unserer
viatge i jo t'he demanat que mos explicassis com
Reise ist, und ich habe dich gebeten, uns zu erklären, wie wir
hem d'entendre aquestes paraules. Ja sé que per tot
diese Worte verstehen sollen. Ich weiß wohl, daß du für alles
tens sortida i que, si vols, m'embullaràs,
einen Ausweg weißt und daß du mich, wenn du willst, verwirren kannst,
però m'agradarà sentir ses teves explicacions.
aber ich möchte gerne deine Erklärungen hören."
El senyor li tornà a agafar la mà. No podent fugir de
Der Herr ergriff wiederum ihre Hand. Da er nicht ausweichen
l'assumpte, acceptà de bon grat d'entrar en matèria.
konnte, stieg er bereitwillig in die Sache ein.
– En primer lloc – digué, posant ordre en el seu discurs,
„Als erstes", sagte er, indem er Ordnung in seine Worte
com en temps anteriors a la República –, estàs dispensada
wie zu Zeiten vor der Republik brachte, „sei dir deine Unter-

per sa teva interrupció, que només ha estat una i no dues,
brechung verziehen, die nur eine gewesen ist und nicht zwei,
que jo recordi. – Recordava perfectament que
wenn ich mich recht erinnere." Er erinnerte sich durchaus, daß
havien estat dues, però li dolia que dona Maria Antònia
es zwei gewesen waren, aber er bedauerte, daß dona Maria Antònia
hagués copsat els motius pels quals ell havia amollat la seva
erfaßt hatte, weshalb er ihr die Hand gestreichelt hatte,
mà, deixant d'acariciar-li l'índex –.
nachdem er aufgehört hatte, ihr über den Zeigefinger zu streichen –.
En segon lloc – continuà –, no he dit que
„Zweitens", fuhr er fort, „habe ich nicht gesagt, daß
sa benedicció del Papa no sigui s'objecte principal, o s'unic,
der Segen des Papstes nicht der Hauptzweck oder der einzige
d'es viatge d'en Joan i també teu. Però Lleó XIII
Zweck der Reise von Joan und auch von dir sei. Aber Leo XIII.
és, a més de Papa, un homo il.lustre i un hàbil polític.
ist außer Papst ein berühmter Mann und ein kluger Politiker.
Jo he d'escriure sobre aquesta figura que acaba d'obrir
Ich muß über diese Gestalt schreiben, die vor kurzem den Gelehrten
ets arxius secrets del Vaticà an es savis del món. Voldria
der Erde die Geheimarchive des Vatikans geöffnet hat. Ich möchte
conèixer-lo personalment i com que no mos podrà concedir
ihn persönlich kennenlernen und, da er uns nicht viele Stunden
moltes hores necessit pensar bé què li
gewähren kann, muß ich genau darüber nachdenken, worin ich ihn
he de consultar. Per això, Maria Antònia, t'he dit
um Rat fragen soll. Deshalb, Maria Antònia, habe ich dir gesagt,
que es recolliment espiritual que en Joan proposa no l'entenem
daß wir die geistliche Sammlung, die Joan vorschlägt, nicht alle
tots de sa mateixa manera. A voltros vos convé principalment
auf dieselbe Weise verstehen. Euch sagt hauptsächlich das Beten
resar, perquè es vostro Credo és més bé d'orde màgic, mentres
zu, weil euer Credo eher magisch ist, während
que es meu, encara que dins s'ortodoxia – aquí jo vaig mirar
meins, wenn auch innerhalb des orthodoxen Glaubens", hier sah ich
el senyor que em va aguantar la mirada –, és més racional.
den Herrn an, der meinem Blick standhielt, „rationaler ist."

– Fins ara, Tonet, tot anava bé, però no sé
„Bis jetzt, Tonet, ging doch alles gut, aber ich weiß nicht,
per què hi has de mesclar sa màgia. Ni en Joan ni jo no hem fet
was hier die Magie soll. Weder Joan noch ich haben jemals
mai bruixeries – digué dona Maria Antònia.
gehext", sagte dona Maria Antònia.
I tàcitament passàrem a parlar d'altra cosa.
Und ohne ein weiteres Wort darüber wechselten sie das Gespräch.

Llorenç Villalonga (geb. 1897) beschreibt in Bearn mit der Geschichte von Antoni de Bearn und seiner Frau Maria Antònia den Untergang seiner eigenen Welt, der Welt des mallorkinischen Landadels. Die Ereignisse werden aus der Perspektive ihres Priesters Joan Mayol erzählt, der nach dem Tode seiner „Herrschaft" einen Rechenschaftsbericht gibt. Im ausgewählten Textstück wird ein Gespräch wiedergegeben, das eine Woche vor der Audienz bei Papst Leo XIII. in Rom zwischen den drei genannten Hauptpersonen des Romans stattfindet.

Der Roman wurde 1961 ursprünglich, was die Grammatik (nicht aber den Wortschatz) betrifft, in einer der offiziellen zentralkatalanischen Sprachnorm angeglichenen Sprache veröffentlicht; dennoch wurde er wegen der Mallorkinismen gerade im Wortschatz angegriffen. Unserem Textstück liegt die mallorkinisierte Fassung von 1966 zugrunde. Darin bestehen zwei sprachliche Ebenen nebeneinander: Die auktoriale Erzählung ist in der balearischen Literatursprache (s. S. 118 f.) geschrieben und weicht deshalb nur in Formen wie dedicàssim, començàssim, senyoravi, dona vom Zentralkatalanischen ab. Im Dialog dagegen wird ein überregionales Mallorkinisch wiedergegeben; zu dessen Charakteristika gehören der Artikel es, sa statt el, la, die Verwendung des Perfekts im Dialog, z. B. m'ensenyaren statt em van ensenyar, die 1. Person Indikativ Präsens auf -Ø, z. B. et deman statt et demano und acab statt acabo, Personalpronomina wie voltros statt vosaltres, wie mos, vos statt ens, us, Formen des Possessivpronomens auf -o wie nostro statt nostre, ferner an es savis statt als savis und homo statt home.

Text 4

Aus: Lluís Fernàndez, L'anarquista nu, Barcelona 1979, S. 52:

Aureli, a l'Eugeni l'estan[t] (sic) operant, encara que un A. T. S.
Aureli, den Eugeni operieren sie gerade, obwohl ein MTA,
amic meu m'ha dit que quan entrà al Clínic
ein Freund von mir, mir gesagt hat, daß er, als er in die Klinik

respirava tan malament, que el donaren per mort. Fins al
kam, so schwach atmete, daß man ihn für tot hielt. Bis zum (= vor
matí no se sabrà res. La seua família no vol saber res
dem) Morgen wird man nichts erfahren. Seine Familie will nichts
d'ell i a mi no han volgut donar-me més informació.
von ihm wissen, und mir haben sie keine weiteren Informationen
Espere que em cride aquest amic
geben wollen. Ich warte darauf, daß dieser Freund mich ruft,
i, en tot cas, et posaria un telegrama de matí, se és que
und auf jeden Fall würde ich morgen ein Telegramm aufgeben, falls
ja se sap alguna cosa.
man schon etwas weiß.
Sembla que una de les ganivetades l'ha afectat tan profundament,
Anscheinend hat einer der Messerstiche ihn so tief getroffen,
que a conseqüencia del traumatisme ha tingut un „vessament cerebral".
daß er infolge des Traumas einen „Gehirnerguß" bekommen hat.
Procuraré tindre't informat i faré tot el que calga.
Ich (werde) versuche(n), Dich auf dem laufenden zu halten, und
werde alles Nötige tun.
Una abraçada molt forta de:
Eine sehr kräftige Umarmung von   Lulú

An literarischer Prosa wird auf valenzianisch relativ wenig veröffentlicht. Anhand
dieses Textes aus einem Roman eines jungen valenzianischen Autors können einige
Unterschiede zum Zentralkatalanischen verdeutlicht werden (vgl. S. 121 f.). So lautet
die 1. Person des Indikativ Präsens -e, z. B. espere für espero. Der Konjunktiv Präsens
der Verben auf -ar ist durch -e- und derjenige der Verben auf -er, -re durch -a-
charakterisiert, z. B. cride für cridi und calga für calgui. Bei einigen Verben weichen
die Infinitive vom Zentralkatalanischen ab wie tindre für tenir, obwohl tindre dialektal
auch in Katalonien existiert. Das periphrastische Perfekt wird nicht verwendet,
sondern nur das einfache: entrà, donaren. Die Verwendung von a in a l'Eugeni gilt
gewöhnlich als Kastilianismus, der die Konstruktion ohne a in einem eindeutigen Fall
wie diesem vorzuziehen wäre.

Die Normen des katalanischen Briefstils, der Anredeformen und anderes mehr
befinden sich noch in der Entwicklung. Katalanen, die ihre Schriftsprache nicht gelernt
haben, schreiben ihre Briefe auf spanisch.

Text 5

Aus: Joan Fuster, Qüestió de noms, Barcelona 1962, o. S.

Un erudit tindria tasca útil i amable
Ein Gelehrter hätte eine nützliche und erfreuliche Aufgabe
en la indagació d'aquest punt: precisar la durada i les condicions
in der Untersuchung des folgenden Punkts: Die Dauer und die Bedin-
de la nostra unanimitat en el gentilici.
gungen unserer Einstimmigkeit im Namen für unser Volk zu bestimmen.
Era lògic que, establerta la divisió
Es war nur folgerichtig, daß nach (der Festsetzung) der verwal-
jurídico-administrativa dels „regnes" – un „regne" de Mallorca
tungsrechtlichen Aufteilung der „Königreiche" – eines „Königreichs"
i un „regne" de València, al costat del „principat
Mallorca und eines „Königreichs" València neben dem „Fürstentum
de Catalunya" –, uns gentilicis privatius entressin en concurrència
Katalonien" – ausschließende Namen in Konkurrenz
amb el de „catalans". Era lògic i necessari:
zum Namen „Katalanen" traten. Das war folgerichtig und notwendig:
els „regnícoles" del „regne de València" havien de dir-se „valen-
Die Bewohner des „Königreichs València" mußten sich „Valenzianer"
cians", i els del „regne de Mallorca", „mallorquins".
nennen und die des „Königreichs Mallorca" „Mallorkiner".
Ho imposaven les circumstàncies, amb una exigència indefugible.
Dazu zwangen die Umstände unausweichlich.
Es tractava de denominacions més aviat „polítiques",
Es handelte sich um eher „politische" Benennungen,
que, d'entrada, no estaven en contradicció amb el nom nacional
die zunächst nicht in Widerspruch zum generischen Volksnamen
genèric. Tanmateix no podien ser eludides. L'existència
standen. Trotzdem konnten sie nicht vermieden werden. Das Bestehen
dels „regnes" comportava la inevitabilitat de les
der „Königreiche" brachte die Unvermeidlichkeit der lokalen
designacions locals. Si de cara a l'exterior tots
Bezeichnungen mit sich. Wenn wir alle auch nach außen als
podíem passar per „catalans", en ordre als tràmits
„Katalanen" gelten konnten, mußte man doch auf dem Gebiet der
interns de la Corona bé calia fer discriminacions.
inneren Angelegenheiten der Krone Unterscheidungen treffen.

La unitat dels catalans es desglossava, aixi, en tres
Die Einheit der Katalanen schlüsselte sich folglich in drei
„ciutadanies", si puc dir-ho en termes moderns,
„Staatsangehörigkeiten" auf, wenn ich es modern ausdrücken darf,
i cada „ciutadania" descansà en un nom especial.
und jede „Staatsangehörigkeit" beruhte auf einem besonderen Namen.

Der Valenzianer Joan Fuster (geb. 1922) veröffentlicht in Katalonien, weshalb seine Werke in der zentralkatalanischen Norm gedruckt werden. Die Frage des Namens für die katalanische Sprache, die in diesem Auszug aus der kurzen Schrift Qüestió de noms behandelt wird, ist keine byzantinische Frage, sondern von elementarer Bedeutung für ein einheitliches Sprachbewußtsein, das nur unter den Intellektuellen besteht. In diesem Text wird die Fragmentierung des Sprachbewußtseins trotz offenkundiger Einheit der Sprache auf die verwaltungsrechtliche Aufteilung der aragonesischen Krone in mehrere Königreiche zurückgeführt (vgl. S. 17 ff.).

Bibliographie

Die Bibliographie enthält nicht die ausgewertete Literatur, die eine um ein Mehrfaches umfangreichere Liste ausmachen würde, sondern weiterführende Werke, vorzugsweise in bekannteren Sprachen.

A. Alonso, „La subagrupación románica del catalán", in dems., Estudios lingüísticos. Temas españoles, Madrid 1974³, S. 11–83

A. M. Badía Margarit, Gramática catalana, 2 Bde., Madrid 1975²

A. M. Badia Margarit, La llengua. Vint-i-cinc anys d'estudis sobre la llengua i la literatura catalanes (1950–1975), Bd. I, Montserrat 1976

A. M. Badia Margarit, La formació de la llengua catalana, Montserrat 1981

A. M. Badia Margarit und G. Straka (Hrsg.), La linguistique catalane. Colloque international organisé par le Centre de Philologie et de Littérature romanes de l'Université de Strasbourg, du 23 au 27 avril 1968, Paris 1973

K. Baldinger, La formación de los dominios lingüísticos en la Península Ibérica, Madrid 1972²

Ll. C. Batlle, G. Haensch, amb la col.laboració de T. Stegmann, Diccionari alemany-català, Barcelona 1981

R. Brummer, Katalanische Sprache und Literatur, München 1975

D. Catalán, Lingüística ibero-románica. Crítica retrospectiva, Madrid 1974

J. Coromines, Diccionari etimològic i complementari de la llengua catalana, Bd. I, Barcelona 1980; Bd. II, 1981; Bd. III, 1982

E. Coseriu, Das romanische Verbalsystem, hrsg. und bearb. v. H. Bertsch, Tübingen 1976

P. Fabra, Diccionari general de la llengua catalana, Barcelona 1977⁷

Gran Enciclopèdia catalana, 15 Bde., Barcelona 1970–1980

R. Guàrdia und M. Ritter, Diccionari alemany-català. Català-alemany, Barcelona 1981

H. Hina, Kastilien und Katalonien in der Kulturdiskussion 1714–1939, Tübingen 1978

J. Huber, Katalanische Grammatik, Heidelberg 1929

G. Kremnitz (Hrsg.), Sprachen im Konflikt. Theorie und Praxis der katalanischen Soziolinguisten. Eine Textauswahl, Tübingen 1979

Ll. López del Castillo, Llengua standard i nivells de llenguatge, Barcelona 1976

J. Lüdtke, „Prädikative Nominalisierungen im Katalanischen", in dems., Prädikative Nominalisierungen mit Suffixen im Französischen, Katalanischen und Spanischen, Tübingen 1978

R. Menéndez Pidal, Orígenes del español, Madrid 1976[8] (1926[1])

W. Meyer-Lübke, Das Katalanische. Seine Stellung zum Spanischen und Provenzalischen, Heidelberg 1925

F. de B. Moll, Gramàtica catalana referida especialment a les Illes Balears, Palma de Mallorca 1968

J. M. Nadal und M. Prats, Història de la llengua catalana, Bd. I, Barcelona 1982

A. Quintana, Handbuch des Katalanischen, Barcelona 1981[2]

J. Roca i Pons, Introducció a l'estudi de la llengua catalana, Barcelona 1971

P. Russell-Gebbet, Mediaeval Catalan Linguistic Texts, Oxford 1965

M. Sanchis Guarner, La llengua dels valencians, València 1978[6]

M. Sanchis Guarner, Aproximació a la història de la llengua catalana, Barcelona 1980

B. Schlieben-Lange, Okzitanische und katalanische Verbprobleme, Tübingen 1971

T. D. Stegmann (Hrsg.), Diguem no – Sagen wir nein! Lieder aus Katalonien, Berlin 1979

M. Wheeler, Phonology of Catalan, Oxford 1979

Namen- und Sachregister

A

Ableitung 58, 59, 104–111, 113–114
Açanui 120
Adjektiv 58, 59, 60, 61–62, 64, 65, 67, 68–70, 73, 92, 93, 97, 98, 101, 102, 105, 106, 108, 109, 110, 112, 113
Adstrat, arabisches 19
Adverb 65, 70, 71, 92–93, 98, 99, 102, 105, 111
Aiguaviva 120
Akkulturation 12
Akzent 44, 45, 52, 54–55, 122
Alacant 11, 12, 16, 123
Alarcos Llorach, E. 52, 54
Albigenser 20
Alfons der Weise 24
Alguer s. L'Alguer
alguerès 119
Algueresisch 10, 116, 119
Alicante s. Alacant
Altkatalanisch 25–29
Altkatalonien 19, 20
Amerika 31
Andorra 15, 16, 115
Anglizismen 119
apitxat 116, 122, 123
Apostroph 45, 50, 64, 66
Araber 19, 20
Arabisch 21, 22
Arabismen 21, 119
Aragonesen 20, 21, 22, 31
Aragonesisch 9, 16, 22, 120, 121
Aragonien 16, 20, 22, 31
Archaismen 39, 117, 119, 120, 122

Archiphonem s. Phonem
Argot 125
Aribau, Bonaventura Carles 35
Artikel 27, 55, 56–57, 67, 68, 69, 71, 96, 117, 118, 119, 120, 121, 123, 135
Aspekt 75, 77, 79, 82–83
Assimilation, sprachliche 11, 39
Athen 22
Aude 118
Augmentativa 106
auques 34
Aussprache 38, 44–51, 52, 56, 57, 60, 68, 73, 114, 117, 118, 119, 122, 124
Autonomie 17, 30, 37, 40
Avui 14

B

Badia i Margarit, Antoni M. 9, 52, 53
Baetica 19
balear 118
Balearen 16, 17 s. Inseln
Balearisch 115, 116, 118, 120
Ballot i Torres, Josep Pau 34
Barcelona 11, 12, 13, 14, 15, 16, 20, 25, 30, 31, 33, 38, 39, 41, 115, 116, 125, 129
Barcelonesisch 116
barceloní 116
Baskisch 13, 17
Bastero i Lledó, Antoni de 34
Baumnamen 112, 119
Begur 117
Belgien 16
Besalú 19

Mittelmeer 22, 25
Monòver 120
Morisken 21, 22, 35, 123
Morphonologie 54, 58–60, 61
Mozaraber 20, 21
Mozarabisch 21
Mozarabismen 21
Mulet, Francesc 32
Mundarten 11, 24, 65, 67, 115–123
Muntaner, Ramon 25
Murcia 16
Muret 20
murrialla 125

N

nadales 34
Nationalsprache 10, 12, 17, 22, 24, 31
Negation 69, 70, 80, 81, 93, 94–95, 98
Negierung (Wortbildung) 106–107
Neologismen 24, 39
Neopatria 22
Neutralisierung (Vokale) 27, 54, 59, 77, 118, 120
Noguera Pallaresa 120
Nomina actionis 97, 107
Nomina agentis 108–109, 112
Nomina instrumenti 109
Nomina loci 109
Nomina qualitatis 97, 108, 113
Nominalisierung, prädikative 107, 108
Nonasp 120
Nordkatalanisch 116
Nordkatalonien 8
Nordvalenzianisch 116, 123
Normalisierung 12, 13, 17, 30, 37, 39, 124
Normierung 25, 37
Nova Cançó Catalana 39
Nuraghenkultur 19

O

Okzitanien 22
Okzitanisch 9, 11, 13, 16, 19, 20, 22, 34, 117
Okzitanismen 24, 117
Organyà 24
Orthographie 27, 34, 37, 38, 39, 44–50, 60, 66, 88, 114, 118
Orthographie, normative 12
Ortsnamen 19, 20, 21, 110
Osona 12
Ostkatalanisch 19, 21, 27, 30, 41, 115, 116, 117

P

Pallars 120
pallarès 120
Pallaresisch 116, 120
Parteien 36, 37, 40
Partialisierung (Wortbildung) 107
Partizipien 73–75, 78, 79, 82, 84, 86–87, 99, 102, 110, 112
Passiv 82, 83
Patois-Bewußtsein 11
Patoisierung 31
Pau, Jeroni 25
Pelejero, Ramon 39
Pere II el Gran 25
Pere III el Cerimoniós 25
Perfekt, periphrastisches 28, 43, 77, 86, 87, 123, 130, 136
Periphrasen 42, 43, 60, 61, 62, 82–83
Perpinyà 31, 32
Personalpronomen 45, 55, 62–66, 67, 74, 75, 80, 96, 119, 120, 122, 135
Personennamen 20, 57, 110
Perspektive 75, 78, 79
Peter der Katholische 20
Peter II. der Große 22, 25
Peter III. der Zeremoniöse 25

147